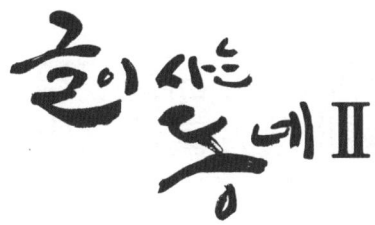

도서
출판 도솔

추천사

글을 통해 나를 가꾸고,
글을 통해 관계를 가꾸는 사람들

여러분들의 오늘 하루는 어땠나요?

내가 만난 오늘과 무슨 이야기를 나누었고 어떤 일들을 함께 했나요?

오늘과 헤어질 때는 어떤 이별의 인사를 할 건가요? 그리고 어제라는 이름으로 내 삶의 한 쪽을 굳건히 채우게 될 모습을 어떻게 바라볼 건가요?

곧 만나게 될, 지금은 내일이라는 베일에 싸여 연기처럼 떠돌고 있는 새로운 오늘을 어떤 마음으로 기다리고 있나요?

그러한 수많은 오늘이 만들어낸 지금의 나의 모습에는 어떤 삶의 이야기가 들어있나요?

사람은 나고 죽습니다. 그 사이에 무엇이 있을까요? 지금까지 저의 경험에 비추어 본다면 아무것도 없습니다. 단지 지금 이 순간이 있을 뿐입니다. 각자가 간절히 바라며 필사적으로 노력하여 이루고자 하는 삶의 모습은 모두 지금이라는 순간 속에 담겨집니다. 어찌 허투루 여길 수가 있을까요?

세상에서 가장 특별한 것은 일 년에 한 번 일어날까 말까한 일이거나 만남이 아니라 매일 반복 되는 일상입니다. 한 번 일어날까 말까 한 일은 평생 일어나지 않아도 지금의 내 삶에 크게 영향을 주지 않습니다. 하지만 매일 반복되는 일 즉 매일 얼굴을 보는 가족과 친구, 지겹지만 매일 출근하는 직장, 매일 먹는 식사, 가볍게 걸을 수 있는 능력 등 평소에 대수롭지 않게 생각했던 일상의 일들을 더 이상 할 수 없게 된다면 어떨까요? 삶을 송두리 채 뒤흔들 만큼 위력적일 것입니다. 이보다 대단하고 특별한 일이 어디에 있을까요? 우리의 일상이 가지고 있는 위대한 가치입니다.

이 책에 실린 작가들의 글은 그렇기 때문에 그냥 글이 아닙니다. 각자의 일생에 단 한 번뿐인 오늘과 만나 함께

숨 쉬고 이야기를 나누며 보듬어 안아 자칫 수많은 나날 속에 이름 없는 하루로 사라질 수도 있는 시간을 소중한 내 삶의 특별한 장으로 만들어 낸 위대한 여정입니다.

이것은 말처럼 쉬운 일이 아닙니다. 신기한 것을 신기한 눈으로 보는 것은 누구나 할 수 있는 일이지만 익숙해져서 눈에 잘 보이지 않는 일상을 특별한 눈으로 보고 알아채는 것은 아무나 할 수 있는 일이 아니기 때문입니다.

그래서 일상에 대해 재발견하고 통찰을 통해 새로운 일상을 가꾸어 나가는 작가는 위대한 탐험가이자 탐구자입니다. 이 책을 통해 만나는 작가들이 그러합니다.

이번이 「글이 사는 동네」 작가들의 세 번째 공저입니다. "문제 상황은 나의 능력을 키울 기회다"라는 말이 있듯이 갈등과 상실, 한계와 실패, 권태와 타협, 성취와 환희는 글을 통해 나를 가꾸고, 글을 통해 관계를 가꾸어 온 시간 속에 온전히 나와 마주할 수 있게 하여 깊은 인생을 만드는 마중물이 됩니다. 결국 용기 있는 자기객관화와 깊은 통찰이 비루한 일상을 의미 있는 나날로 바꾸어 놓습니다.

이 책을 접하는 독자들도 각자의 오늘을 만나고 함께 하며 나의 소중한 이야기를 정성껏 써 내려가는 매 순간이 되시길 바랍니다.

소통 좀 잘하고 싶어 저자 **김대성**

차례

강영숙 / 피 한 방울

- 15 피 한 방울
- 23 고장 난 시계
- 30 몽당연필
- 36 힘 빼세요
- 42 편안함에 이르렀나

최수미 / 너를 품에 안고

- 53 그저 바라 볼 수만 있어도
- 58 가슴 아리는 이름
- 65 맹꽁이 구출 작전
- 72 내 앞길 내가 정했습니다
- 79 너를 품에 안고

박성철 / 작은 선택들

  85   내 인생 첫 무대
  92   바람아 불어라
  98   작은 선택들

박은영 / 함박눈이 내렸어요.

  107   엄마표 김밥
  115   시언이표 문어소시지 도시락
  121   함박눈이 내렸어요.
  128   태권소녀
  135   엄마, 나도 잘하고 싶어.

이세형 / 가족

- 145   가족
- 153   시간 도둑을 잡아라
- 162   청개구리 아들

백현순 / 꽃이 진다고 그대를 잊은 적 없다.

- 179   꽃이 진다고 그대를 잊은 적 없다.
- 186   꿈은 답이 아니라 질문이다.
- 197   마음도 저축할 수 있으면 좋겠다.
- 208   슬럼프에서 살아남기
- 220   젖은 낙엽족의 삶

최수련 / 해우소

233 연필의 변태
240 해우소
246 왕은 편애하지 않는다
255 옥자씨. 안녕하십니까?
264 너 자신을 알라

고동주 / 몽당연필

273 몽당연필
278 상품권과 로또

류용주 / 나의 고백

287 나의 고백
299 봉사는 나의 삶
309 힘겨운 인간관계의 삶에서 벗어나기를 바라며

이종한 / 한숨

323 한숨

손민경 / 나만 힘든 줄 알았어

333 나만 힘든 줄 알았어
341 엄마가 엄마에게
351 익어가고 싶다
357 불면의 밤은 꿈을 잉태하고
362 금요일 밤이 되면 침묵하는 사람들

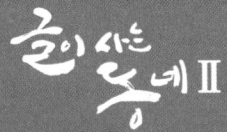

피 한 방울

가족은 함께 밥을 먹으면서
서로의 삶에 관심과 사랑으로 연결된 관계를 만드는 것이다.
이는 시련과 풍파에 흔들릴지언정
무너지지 않는 안전한 울타리가 되어줄 것이다.
오늘도 나는 밥을 지으며 피 한 방울을 만들고 있다.

(본문 중에서)

강영숙

밥을 짓고
글을 짓고
사랑을 지으며
하루하루 나라는 집을 지으며
살아가고 있다.

강영숙

피 한 방울
고장 난 시계
몽당연필
힘 빼세요
편안함에 이르렀나

피 한 방울

"때로는 독이 되는 가족도 있어!"

드라마 〈조립식 가족〉에서 주인공 산하가, 자신처럼 엄마로부터 버림받고 어설픈 가족이자 친구가 된 해준에게 한 말이다.

최근 나를 사로잡은 드라마다.

이 작품은 책임을 다하지 않는 누군가로 인해 버려지고 상처 입은 자가 오히려 타인의 상처를 어루만져 주면서 가족을 만들어 가는 과정을 보여준다.

〈조립식 가족〉의 산하 엄마는 여덟 살 산하와 여동생만을 두고 이틀 동안 집을 비운다. 그것도 먹을 것 하나 없이.

그렇게 단둘이 있다가 사고로 동생이 죽고 만다. 이를 두고 산하 엄마는 산하 탓이라고 원망하면서 남편과 어린 산하를 괴롭히다가 홀로 집을 나간다. 남겨진 이들을 불러 밥을 챙기고 놀아준 사람은 아랫집에 사는 주원과 주원의 아빠다. 그리고 잠시만 돌봐 주기로 하고 데려온 또 다른 자식 아닌 자식 해준까지. 이렇게 아빠 둘, 아이 셋이 한 가족으로 살아간다. 동네 사람들은 피 한 방울 안 섞인 애들이 가족 흉내를 낸다고 기구한 팔자라고 수군거린다. 하지만 이들은 세상에 사연 하나 없는 집이 어디 있겠느냐, 다 각자 특별한 거라면서 서로를 살뜰하게 챙긴다.

세상 사람들은 혈연관계를 중요시한다. 어떤 피를 물려받았는지 부모가 누구인지 무엇을 하는 사람인지 근본을 따지는 것을 좋아한다.

피는 우리 몸 곳곳으로 영양분을 운반하고, 노폐물을 신장으로 보내며 병균으로부터 우리를 보호한다. 또 몸 안에서 발생하는 열을 운반하여 체온을 유지해 준다. 즉, 피는 우리 몸을 건강하고 안전하게 지켜주는 것이다.

이처럼 나를 지켜주는 소중한 피로 맺어진 관계가 가족이다. 집 안에서는 서로 고집을 피우며 싸우는 형제자매들도 밖에서 남과 다툼이 일면 내 가족의 편에 선다. 또 부모는 현관을 들어설 때 느껴지는 온기와 자식의 웃음소리로 하루의 피로를 씻는다. 가족 구성원들이 세상을 살아가는 힘의 원천인 것이다.

어쩌면 연약한 존재인 우리를 외부의 위험으로부터 보호해 주고 건강하게 지켜줄 울타리 같은 존재가 더 많이 있기를 바라는 마음에서 핏줄에 연연하는 게 아닐까?

이렇게 중요한 역할을 하는 피를 만드는 요소 중 하나가 음식이다. '식사는 하셨어요?' 우리가 자주 하는 인사말이다. 이 말에는 상대에 관한 관심과 안녕을 바라는 마음까지 담겨 있다. 나는 끼니를 함께 하는 사람, 즉 '식구'라는 단어를 좋아한다. 따뜻함과 정겨움이 묻어나기 때문이다. 추운 겨울 한 상에 둘러앉아 엄마가 김장 김치를 손으로 죽죽 찢어 자식들 밥숟가락에 올려주는 그림이 떠오른다. 맛있게 먹는 자식을 흐뭇한 눈으로 바라보는 엄마와 밥풀을 튀겨가며 조잘대는 아이들. 넉넉하지는 않아도 끈끈한 정이 흐른다. 이 작품에서도 관계의 시작이 밥을 차려 주면서였다. 엄마의 정서적 학대와 방임으로 극도로 예민했던 산하는 불면증에 시달린다. 그런 산하에게 주원의 아빠는 따뜻한 밥을 차려 주고, 말없이 밥 위에 반찬을 올려주며 한 숟가락이라도 더 먹이려 한다. 식사가 끝나면 불면증에 좋다고 대추 달인 물을 보온병에 담아 건넨다. 늘 배고프고 사랑도 고팠던 산하, 그의 몸과 마음을 채워주었던 것이 밥이다.

이처럼 함께 밥을 먹는다는 것은 단순한 영양 섭취를 넘어 서로를 이해하고 사랑을 나누는 시간이다. 식사 중에 나누는 대화는 친밀감을 높이고, 서로를 지지하면서 정서적 안정감을 느끼게 한다. 또 서로의 일상과 소소한 이야기를 공유하면서 유대감이 강화된다.

나를 보호해 주는 안전망인 피를 만드는 밥을 함께 먹으면서 서로의 건강과 안전, 행복을 바라는 마음으로 뭉쳐진 관계가 가족이다.

가족은 태어나면 주어지는 관계다. 당연한 것처럼 보이는 이 관계에서 하나만 빠져도 '엄마 없는 애치고는 참 밝다' 편부 가정인 주원에게 하는 준호의 말처럼 세상은 다른 눈으로 본다. 그러나 지극히 정상이라는 가족도 가족을 자신의 이익을 위해 수단으로 대하는 이들도 있다.

자기 재산을 지키기 위해 서류에 기재될 아들이 필요한 해준 아빠, 방임도 모자라 자신의 감정 쓰레기통이 되어줄 아들이 필요한 산하 엄마 등 작품 속 인물들은 자신을 위해 가족을 버렸다가 찾기를 반복한다. 또 우리 주변에는 자신의 꿈을 대신 이뤄주기를 바라서 자식의 진로를 좌지우지하는 부모, 자신이 원하는 대로 해주지 않는다고 부모를 살해하는 자식 등 서로 독이 되는 가족이 있다.

부모는 자식을 양육하고 안전하게 보호하며 경제적 지원과 교육 등 성장을 위해 지원해야 하며, 사랑과 지지를 아끼지 않아야 한다. 자녀 또한 부모의 지혜와 경험을 존중하고 그것을 배우려는 자세를 가져야 하며, 가족의 일원으로 자신이 할 수 있는 일을 해야 한다.

독이 되는 가족은 피를 나눴다는 이유로 자신의 소유물이라 생각하고 서로를 존중하기보다 함부로 대하며 자신의 욕구만을 채우기에 급급하다.

반면, 편이 되어주는 가족도 많다.
주원의 아빠는 엄마의 빈자리를 더 많은 사랑으로 채워준다. 그래서 주원은 햇살처럼 밝은 아이로 자라서 주변 사람들에게 따뜻한 온기를 나눠준다. 혼자 버텨내느라 늘 인상을 쓰고 있는 산하가 햇살 같은 주원을 볼 때 유일하게 웃는다. 주원이 주는 편안함 때문이다. 또 최근 읽은 소설 〈소금 아이〉 속 할머니는 평생 눈칫밥만 먹고 살아왔지만, 자신의 아픔을 누군가에게 투사하지 않는다. 염장 된 음식이 맛과 향이 깊어져서 우리의 입맛을 돋우는 것처럼, 오히려 아픔을 염장해 승화시킨다. 피 한 방울 섞이지 않은 주인공 이수를, 뭇사람들이 악연이라고 쑥덕거리는데도 자기 손자로 키운다. 태어난 것이 죄가 되어서는 안 된다며 당신의 삶을 대변해 주는 거칠고 메마른 손을 내밀어 이수가 그 온기로 살아가게 한다. 이처럼 한 사람의 사랑과 관심으로 많은 이들이 힘과 용기를 얻는다.

이러한 가족은 상대의 처지를 이해하려는 노력을 지속하고, 서로를 기꺼이 돌보며 울타리가 되어주는 책임을 다한다. 그러면서 서로의 행복을 기원한다. 피 한 방울의 유무를 떠나, 화낼 일 있으면 같이 화내고, 좋은 일 있으면 같이 좋아하고 한편이 되는 사람들이다.

나는 밥 짓는 일을 한다. 내가 근무하는 곳에는 여러 사정으로 인해 복지시설에서 살고 있는 아이들이 많다. 내가 이 아이들과 마주하는 시간은 채 일 분도 되지 않는다. 하지만 그 짧은 순간에도 말을 건넨다. 'OO, 오늘 날씨 맑음' 이라고. 악을 쓰고 울면서 식당 바닥에 드러눕는 OO의 이름을 불러주며 오늘의 기분을 살핀다. 입이 툭 튀어나와 있는 날은 '뭐가 OO을 속상하게 했을까?'라며 관심을 보여준다. 동정이 아니라 세상에는 OO을 사랑하는 사람이 많다는 것을 알았으면 하는 마음에서다. 사랑에 목말라 늘 허기진 아이들에게 관심으로 채워주고 싶다. 이들의 인생에서 잠깐 스치는 만남일지라도 그 순간만이라도 온기를 느꼈으면 하는 바람에서 허투루 보내지 않고, 내가 할 수 있는 것으로 책임을 다하고 있다.

세상이 바뀌면서 가족도 재혼 가정, 입양 가정, 이 두 작품처럼 어떤 인연으로 맺어진 가정 등 여러 형태로 변하고 있다. 이들을 편견 없이 바라보며 이들의 말에 귀 기울여주고, 말 한마디 밥 한 그릇의 위로를 주는 사람이 많아지기를 바란다. 그래서 피 한 방울 섞이지 않았지만, 상처 입은 자를 서로 돌보는 세상이 되기를 바란다.

가족은 피 한 방울로 되는 것이 아니라, 따뜻한 밥으로 만들어 간다. 함께 밥을 먹으면서 서로의 삶에 관심과 사랑으로 연결된 관계를 만든다. 이는 시련과 풍파에 흔들릴지언정 무너지지 않는 안전한 울타리가 되어줄 것이다.
 오늘도 나는 밥을 지으며 피 한 방울을 만들고 있다.

고장 난 시계

작년 가을, 인스타그램에 들어갔다가 '2023 OO 매직 갈라 쇼' 포스터를 보고서 우울해 했었다. 그동안 잊고 있었던 일이 다시 떠올랐기 때문이다. 2018년 나도 이 무대에 게스트로 설 기회가 있었다. 전년도 우승자였던 내게 주어지는 영광의 무대였다. 그러나 주최 측의 실수로 엉뚱한 사람이 나 대신 섰다. 아마추어인 내가 평생 한 번 설까 말까 하는 무대인데 남의 실수로 무산됐다. 어이가 없었다. 어떻게 이런 실수를 할 수 있는지, 황당하고 억울하고 울화가 치밀어 올라 며칠 밤잠을 설쳤었다. 쓰라린 추억이 있는 포스터에, 이번엔 같이 마술을 배웠던 동료 마술사의 근사한 프로필 사진이 실렸다. 굉장히 부럽고, 한편으로는 2018년의 기억이 떠오르며, 또 한 번 내 자리를 빼앗긴 듯 속이 쓰렸다. 어쩌면 다시는 설 수 없을 거라는 두려움과 상실감에 가슴이 더 아렸다.

7년 전, 꿈과 현실이라는 두 갈래의 길에서 망설였다. 그때 당시 나의 꿈은 스토리텔링 마술사였다. 관객과 함께 웃으며 행복을 나누고, 때로는 위로를 주는 마술사. 그러나 현실은 고정 수입이 있는 직업이 필요했다. 결국 현실을 택했다. 꿈을 접었다고 생각했는데 포스터를 보는 순간, 언제 다시 무대에 복귀할 수 있을까, 죽기 전에 꼭 한 번만이라도 포스터에 내 얼굴을 새기고 싶은데, 과연 그런 날이 올까, 여러 생각들로 또다시 밤잠을 설쳤다.

더 큰 문제는 이미 지나간 일에 집착하고 질척거리느라, 지금에 집중하지 못하고 있다는 것이다.

현재 근무하고 있는 학교 학예회에 마술로 재능기부를 해달라는 교감 선생님의 부탁을 받은 터였다. 부담은 되지만, 오랜만에 무대에 설 기회가 생겨서 좋았다. 공연 요청을 수락하고 어떤 마술을 할까 고민하던 중, 문제의 포스터를 본 것이다. 이후, 마음을 못 잡고 방황하느라 연습은커녕 공연 레퍼토리도 정하지 못했다. 학예회 날이 다가오면서, 기쁜 마음으로 시작한 일이 점점 무거운 짐이 되었다. 급기야 스트레스가 극에 달해 먹는 음식마다 체하는 지경에 이르렀다.

이런 내가 고장 난 시계 같았다. 째깍째깍 지금의 시간을 살아가지 못하고, 가지 못한 길을 돌아보느라 걸음이 일 분 이 분 느려지더니 급기야는 멈춰버렸기 때문이다. 시계는 방전이 되었거나, 외부 자극으로 파손되거나, 혹은 수명이 다 되면 고장이 난다. 이때는 건전지를 교체하거나, 파손 부위를 수리하거나, 버리고 새것을 사야 한다.

현재 나의 경우는 외부 자극으로 감정이 파손되어, 잠시 오류가 났다. 우선 어디가 어떻게 오류가 생긴 것인지 살펴야 했다.

때마침, 말글 반에서 문학기행을 가게 되었다. 알록달록 물드는 나무들 사이에 앉아 나는 왜 이러고 있는가 돌아보는 시간을 가졌다. 왜 학예회 무대에 서겠다 했는지부터 질문하고 답하기를 반복했다. 좋아하는 마술을 할 기회였고, 덤으로 학교에 나라는 존재를 알리고 싶다는 욕심도 있었다. 학교에서 나는 점심시간에 잠깐 보는 사람으로, 있는지 없는지조차도 잘 모른다. 그래서 그들에게 이런 것도 할 줄 아는 사람이라고 알리고 싶었다. 가만히 들여다보니 이번 공연이 뽐내기 위한 수단이었다.

이런 생각을 하다 보니 지금의 내 모습이 마술사로 활동하던 시절, 지금과 닮은 꼴이었던 때가 떠올랐다.

나에게 마술은 힐링이었다. 내가 하는 마술에 즐거워하는 관객을 보며, 나 또한 행복해하고 에너지를 받았다. 그래서 작은 무대라도 관객이 불러주면 달려가곤 했었다. 하지만 어느 순간 마술을 향한 순수했던 마음에 때가 묻기 시작했다.

그때 당시 나는 출전하는 대회마다 상을 받았다. 마술에 푹 빠져있던 그때가 내게는 꽃들이 만발한 봄날이었다. 무대마다 흥분되고 짜릿하고 달콤한 경험이었다. 또 무대에서 관객과 동료들에게 축하와 칭찬을 받으면 만개한 꽃처럼 환하게 웃었다. 하지만 언제부턴가 이 모습이 나의 전부 인양 착각했다. 그로 인해 나에게 힐링이 되었던 마술은 덤으로 받은 상이 독약으로 작용했다. 타인에게 인정받고 싶다는 욕심을 더 부추겼고, 나를 알리고 싶다는 소박한 소망이 과시욕이 되어 버렸다.

화끈하게 달아오른 볼을 두드리며 가만히 나에게 말을

걸어본다.

"너의 꿈은 뭐지?"
"스토리텔링 마술사야."
"왜 그런 꿈을 꿨니?"
"무대에 서면 살아 있는 느낌이고, 행복하기 때문이야. 그리고 과정은 힘들어도 발전하는 나를 보는 게 즐겁고 뿌듯해서야."
"꿈을 이루려면 어떻게 해야 할까?"
"스토리를 만들고, 그에 맞는 마술을 배우고 익혀야 해."
"꿈을 통해 무엇을 이루고 싶니?"
"관객들과 일상을 얘기하고 함께 울고 웃으며 소통과 나눔의 시간을 만들고 싶어. 이를 통해 성장해서 인자하고 푸근한 할머니로 늙어가고 싶어."

이렇게 생각을 정리하는 동안, 꿈이 이루어진 듯한 기분이 들면서 흥분되었다. 가슴은 설레고 할 수 있다는 자신감이 불끈 솟았다.

집으로 돌아와서 글로벌 마술 오디션인 '더 매직 스타'에 나온 한설희 마술사를 보면서 더 희망을 품게 되었다. 한설

희 마술사는 CD 마술의 대가로 전설과 같은 존재다. 그런 그도 나처럼 꿈과 현실의 갈림길에서 현실을 택하고, 7년 정도 마술계를 떠났었다. 그런 그가 이번 도전에서 직장인의 애환을 마술로 승화시켜서 관객들의 큰 호응을 얻었다. 현실을 충실히 살면서 관찰했기 때문에 나올 수 있었던 액트였다. 세계를 제패한 그분과 비교하기에는 턱없이 부족하지만, 내 실력에 맞는 무대에 서면 되지라며 위안하고, 할 수 있다는 확신으로 희망에 부풀었다.

스토리텔링 마술을 하려면 마술과 스토리가 있어야 한다. 마술은 배우고 익히면 되지만, 스토리는 내가 만들어야 한다. 그렇다고 거짓으로 꾸밀 수는 없다. 경험으로 얻어진 깨달음이 있을 때 비로소 진실하다. 이런 진실이 담긴 나만의 이야기라야 관객이 공감하고 감동하게 된다.

나는 엄마, 조리사, 학생으로 변신하며 바쁜 하루를 살아가고 있고, 그 과정에서 일어나는 사건을 글로 쓰기도 한다. 생각이 '사건과 글'에 이르자 스토리가 연상되면서, 일상이 스토리구나, 나는 지금 스토리를 수집하고 있구나라는 생각이 들었다. 그러면서 내가 살아가고 있는 지금 이 순간이 새롭게 다가왔다. 무심코 툭 차버린 길가의 자갈처럼, 그냥 스쳐 지나가 버릴 수 있는 일상의 경험들이 보석처럼 귀하게 다가왔다. 일상을 복기하여 글로 쓰고, 그렇게 살아보고 다시 쓰고, 이렇게 완성된 글들이 모여서 책이 되고, 훗날 마술로 피어날 것이다.

힘들어도 꿈을 향해 갔어야지 하는 후회와 깽판을 쳐서라도 그 무대에 섰어야지 하는 놓쳐버린 기회에 대한 미련도 이제는 버릴 수 있다. 보석과 같은 돌로, 꿈으로 가는 징검다리를 놓고 있는 오늘이 있기 때문이다.

"엄마는 꿈이야 현실이야?"
진로 때문에 한참 고민 중인 아들이 내게 물었다.
"엄만 둘 다야!"
라고 자신 있게 대답했다.
고장 난 시계였던 나는 글을 쓰면서 오작동되었던 부분을 수리했다.

무대에 조명이 켜지고 음악이 흐른다. 불꽃이 빨간 장미로 변하자, 객석에서 환호가 터져 나온다. 신이 난 나는 장미만큼 환한 미소로 답하고 다음 마술을 이어간다.

몽당연필

　국민학교 3학년 때, 동생만 데리고 제주로 떠나야 했던 엄마는, 미안한 마음을 새 연필을 사 주는 것으로 대신했다. 꽁지에 지우개가 달린 검정 연필. 아빠에게 배운 솜씨로 조심조심 깎았다. 좀 비싼 것이라 그런지 전에 썼던 것과는 달리 쓱쓱 잘 깎인다. 필통 속에 나란히 누워있는 연필을 보니 부자가 된 듯 뿌듯했다. 열 때마다 퍼지는 연필 향 덕분에 기분이 좋아서 꺼낼 때마다 향을 먼저 맡아보고 쓰는 것이 습관이 될 정도였다. 아끼고 아껴 썼건만 몽당연필이 되는 것은 어쩔 수 없었다. 지우개도 이미 다 닳아 버렸다. 지우개가 있던 자리를 칼로 깎고, 종이로 감싼 뒤 볼펜 대를 끼워 더 이상 깎을 수 없을 때까지 쓰면서 아쉬움을 달랬다.

이런 추억 때문인지 지금도 나는 볼펜보다 연필로 쓰는 것을 좋아한다. 책상에 앉아 핑크빛 연필을 만지작거리다 문득, 연필과 우리네 삶이 닮았다는 생각을 한다.

연필은 심이 있어 연필이 듯, 내 삶 또한 내가 주인공이 되어 살아갈 때 비로소 진정한 내가 된다. 나는 여러 심중에서 B심을 가장 좋아한다. HB 심보다 진하며 부드러워서 쓰기에 편안하다. 나도 B심처럼 나와 타인에게 진하고, 부드럽게 기억되었으면 한다. 진하다는 것은 내 생각과 의견, 가치관을 가지고 사는 것이다. 부드럽다는 것은 서로를 인정하고, 소통이 잘 되는 원만한 관계를 맺는 것을 말한다.
또 나무마다 각자의 향을 가지고 있으면서도 필통 속에서 서로 어우러져서 기분 좋게 하듯, 나를 드러내지 않고도 은은한 향으로 아름다운 세상을 만드는 데 일조하기를 바란다.

칼로 연필을 깎을 때는 내가 원하는 만큼의 길이와 굵기로, 집중해서 조심스럽게 깎는다. 깎을 때 나는 소리와 향 그리고 나무가 밀려 나가는 것을 보면 기분이 좋아진다.
이는 세상의 기준이 아니라, 자신이 원하는 것에 집중하고 몰입하는 능동적인 삶의 자세와 같다.

그 과정에서 실패와 시행착오를 겪는다. 연필을 깎으면서 심을 부러뜨리거나 손을 베어 본 경험을 바탕으로, 좀 더 능숙하게 뾰족한 심을 만들 듯, 실패의 경험을 바탕으로 새로운 기회를 만들면서 나아간다. 어렵고 고단하지만, 내가 만들어 가기 때문에 보람과 기쁨은 배가 된다.

반면, 연필깎이를 사용할 때는 딴짓을 하면서도 깎을 수 있을 만큼 쉽다. 하지만 기계에 설정된 만큼의 길이와 굵기대로만 깎기기에 연필의 종류에 상관없이 모양이 모두 같다. 그리고 기계가 돌릴 수 없는 길이가 되면, 더 쓰고 싶어도 쓸 수 없다.

이는 세상이 만들어 놓은 기준과 틀에 맞춰 살아가는 것과 같다. 자신이 좋아하는 것, 원하는 것에 대한 고민 없이 정해준 길을 따라 걸으며 타인에게 인정받기 위해 애쓴다. 그러나 어느 순간 열심히 살았는데도 뿌듯함보다 허탈감에 휩싸인다. 그러면서 더 나은 무언가가 있을 것 같아서 남들은 어찌하고 있나 자꾸 살피게 된다. 버리자니 아깝고 쓰자니 쓸 수가 없는 몽당연필처럼 나아가지도 되돌아가지도 못하고 두리번거리게 된다.

뾰족한 심을 보면 무얼 써 볼지 고민하면서 설렌다. 또 또박또박 세밀하게 써지는 것이 너무 좋아 신이 난다. 반면 뭉툭해진 심은 글씨가 퍼져 보이고 섬세하게 쓸 수 없어서 답답하다.

무엇이든 시작할 때는 마음을 다잡고 그것에만 집중하고, 가슴이 설렌다. 뾰족했던 심도 계속 쓰면 닳아서 뭉툭해지는 것처럼, 시간이 흘러 익숙해지면 몸과 마음도 뭉툭해진다. 늘 하던 대로 일을 하고, 같은 방식으로 생각하고 반응한다. 그리고 변화가 두려워 어떠한 시도도 못하고 틀에 갇혀 살아간다. 그로 인해 일에 대한 보람이나 즐거움을 찾지 못하고, 그저 시간만 흘려보낸다. 이는 자신뿐만 아니라 동료에게까지 악영향을 미친다. 또 반복되는 일상이 무료하고 삶의 활력이나 만족감 역시 떨어진다.

이때 다시 연필을 깎듯이, 나를 변화시키는 공부와 독서가 필요하다. 나를 발전시키는 공부와 독서는 멍때리고 있는 내게 날아드는 등짝 스매싱이다. 화들짝 놀라 정신 차리게 하듯, 무뎌진 나를 날 선 생각, 날렵한 몸으로 이끌어 준다. 날 선 생각은 남과 비교하거나 틀에 갇힌 생각에서 벗어나, 나와 타인을 인정하고 좀 더 나아지려고 노력하는 것이고, 날렵한 몸은 배운 것을 실천하는 것이다.

새로 깎은 뾰족한 연필처럼 내가 바라는 모습을 향해 오늘도 세심하게 집중하고 신나게 살아간다.

연필의 소임은 지면에 기록을 남기는 것이다. 한 글자 한 글자 정성을 다해 쓰거나, 때론 나만 겨우 알아볼 정도로 갈겨쓰기도 한다.

삶에서 지면은 지금의 내 모습이다. 하루하루 온 힘을 다해 살아가는 날도 있고, 대충 흘려보내는 날도 있다. 가끔은 지우개로 지워버리고 싶은 날도 있다. 그 모든 날의 결과물이 지금의 나다.

연필로 쓰다가 잘못 썼을 때 지우개로 지우고 다시 쓰듯이, 삶에서도 지우개가 필요할 때가 있다. 살면서 문득문득 떠오르는 안타까운 장면들이 있다. 어긋난 관계 때문에 상대를 미워했던 일, 자만하다가 실수한 경험, 타인과 비교하면서 나를 괴롭혔을 때, 서두르다가 실패한 일 등, 기억에서 깨끗이 지우고 다시 쓰고 싶은 페이지다. 과거를 지울 수는 없지만, 새로 쓰는 과거는 수정 가능하다. 오늘도 내일이 되면 과거가 된다. 그러므로 과거 안타까웠던 장면들을 곱씹어 오늘의 나를 만드는 원료로 쓴다면 충분히 가능하다. 후회나 자책에 그치지 않고, 자아 성찰을 통해 조금씩 성장한다면, 반전이 있는 내 삶의 드라마가 완성될 것이다.

새 연필을 아무리 아끼고 아껴도 몽당연필이 되는 것처럼, 우리의 삶 역시 쓰임이 다 하는 날이 온다. 그러나 쓸모없이 버려질 것 같던 몽당연필에 볼펜 대를 끼워 쓰듯이, 삶이라는 무대에서 엔딩만을 남겨둔 시점에서는, 부족한 점을 더 채워 성장하려 하기보다 이제껏 살면서 터득한 지혜를 나누어 주는 어른의 길로 나아가기를 바란다.

핑크빛 연필을 코에 대고 눈을 감는다. 코끝에 느껴지는 은은한 연필의 향처럼, 나의 변화와 성장의 기록, 나눔의 흔적이, 나를 아는 사람들의 기억 속에, 내 아이들의 가슴에, 그리고 내 글을 사랑하는 독자들의 뇌리에 남기를 기대해 본다.

힘 빼세요!

요즘 내가 가장 많이 듣는 말은 '힘 빼세요!'다. 수영 강습에서 평영을 배우기 시작한 지 한 달이 되었다. 강사에게 평영만 하면 허리가 아픈데, 원인이 뭐냐고 물었다. 발차기 할 때 힘을 너무 줘서 그렇다며, 자기 허리에 내 손을 대고 있으란다. 그리고 내가 하는 발차기를 흉내 냈다. 허리에 힘이 들어간 것이 느껴졌다. 강사는 다시 자신의 발차기를 보여줬다. 가벼웠다. '아~ 다리에 힘을 빼야 하는구나'라고 머리로는 이해했으나 막상 물에 들어가면 안 된다. 발차기만 배웠을 때는 그나마 양호했다. 손동작을 배우고 나니 더 가관이다. '허벅지에 힘 빼고, 물을 감싸듯이 가볍게 발목을 돌리세요, 팔에 힘 빼고, 물을 끌어 안듯이 당겨와요' 여기저기 힘 빼라는 말만 들린다. 손동작은 이렇게, 발은 저렇게, 머리는, 숨쉬기는 등등 신경 써야 할 것들이 많아지면서 총체적 난국에 빠졌다.

평영은 처음 해 보는 것이다. 익숙하지 않으니 긴장하게 되고 자연히 몸에 힘이 들어간다. 그리고 나이가 있어서 그런지 몸이 뻣뻣하고 반응 속도도 느리다. 팔을 접을 때는 천천히, 뻗을 때는 빠르게 하라는데, 아무리 해도 똑같은 속도로 움직인다. 또 발목을 돌리는 동작도 평소에 해 보질 않아서 계속 일자로 움직인다.

마음 또한 그렇다. 빨리 잘하고 싶다는 욕심만 앞서 힘이 빡 들어가 있다. 마음은 저만치 가 있는데 몸은 제자리에서 맴돈다. 빨리 앞으로 나가고 싶은 만큼 다리에 또 힘이 들어가서, 허리만 더 아프고 숨이 차올라 중간에 멈추게 된다.

어떻게 하면 힘을 뺄 수 있는지 강사에게 물었다. 연습만이 살길이란다. 몸이 편하게 받아들일 때까지 반복 연습만이 답이라고 한다. 그래서 오늘도 난 나머지 연습 중이다.

수영뿐만 아니라 플루트도 글쓰기도 심지어 병원에서 물리치료를 받으면서까지 힘을 빼라는 소리를 듣는 요즘이다.

도대체 힘을 뺀다는 것은 무엇일까?

익숙하고 자연스러운 상태로 만드는 것이라 생각한다.

오른손잡이인 내가 오른손으로 칼질할 때는, 하는 나도 보는 남들도 자연스럽고 편안하다. 그러나 왼손에 칼을 드는 순간, 나부터 긴장해서 어깨에 힘이 들어가고 동작이 어설프다. 그러면 보는 사람 역시 불안해하고, 성질 급한 누군가는 칼을 뺏어간다. 몸과 마음은 하나로 연결되어 있어서, 마음이 부담되고 불편하면 몸도 긴장하고 힘이 들어간다. 처음 시도하는 일에서 흔히 겪는 고충이다. 경험이 있더라도 능숙하지 않으면 긴장하게 된다. 긴장하고 힘이 들어가면 실수하게 되고, 실수했던 일은 또 실수할까 봐 두려워 긴장하는 악순환이 반복된다.

'연습만이 살길이다'라는 강사의 말처럼 힘이 빠질 때까지 반복 연습을 해야 한다. 그 과정에서 받아들이고, 내려놓고, 기다리면서 나에게 최적화시키는 길을 찾아야 한다.

받아들인다는 것은 인정하는 것이다. 나는 초보다, 나이가 많다는 등 내가 처한 상황을 인정하는 것이다. 초보이기 때문에 잘 안되는 것이고 실수하는 것이다. 또 나이가 많아서 이해력이 떨어지고 습득하는 데 시간이 좀 더 걸린다. 젊었을 때를 생각하거나, 옆에 잘하는 사람과 비교하지 말고 사람마다 다름을 인정해야 한다. '이 나이에 배우겠다고 도전한 것만도 어디야, 초보가 이 정도면 잘하는 거지'라며 나에게 칭찬과 격려를 아끼지 말아야 한다.

또 완벽해야 한다는 마음을 내려놓아야 한다. '왜 나만 안 되지'라며 전전긍긍하고, '꼭 잘하고 말 거야'라며 아등바등 매달리지 말아야 한다. 오랜 세월 동안 학습된 '최선, 노력'이라는 단어에 얽매여 애쓰다 보면 그 역시 부담되어 다시 힘이 들어가기 때문이다. 나는 수영선수가 되려는 것이 아니다. 근력을 키우는 것이 목적이다. 그러니 평영을 못하면 자유형을 더 열심히 하면 된다. 또 선수처럼 멋진 자세가 나오지 않더라도 평영으로 25m 갈 수 있음에 감사하면 된다.

무엇보다 중요한 것은 기다림이다. 서두르다 실수하고 다치고 사고 난 경험들이 있다. '그때 기다릴걸'하고 뒤늦은 후회를 한다. 수영에서도 빨리 앞으로 나가고 싶어서 기다리지 않고 바로 다음 동작을 한다. 그러면 여지없이 '손 발하고 하나둘 기다려!'라는 강사의 고함이 뒤통수를 때린다. 하나둘 하고 두 박자 기다리면 몸이 앞으로 쭈욱 나가는데, 기다림 없이 다음 동작을 할 경우 힘만 들고 오히려 더 안 나간다. 기다리지 못하는 이유는 결승점에 빨리 도착하고 싶기 때문이다. 건강해지기 위해 하는 운동에 결승점이 있나? 없다. 끝없는 길을 가는 데 쉼 없이 간다? 이것은 도중에 그만두겠다는 말과 같다. 그래서 마음의 여유를 갖는 것이 중요하다. '맴맴 돌기만 하다가 지금은 조금씩 앞으로 나가잖아, 이게 어디야'라며 나아지고 있는 모습에 집중하는 것이다.

특히 나는 회전근개 부분 파열로 인해 어깨를 자유자재로 움직이지 못한다. 이는 과도한 육체노동 때문이다. 그러나 나 같은 급식 종사자들이 모두 그렇지는 않다. 내게는 일을 할 때 어깨에 힘을 주는 습관이 있다. 잘한다는 인정을 받고 싶은 마음에 몸이 알아차리고 긴장하기 때문이다. 팽팽한 근육을 과도하게 움직이다가 급기야 끊어지는 지경에 이르렀다. 그뿐만 아니라 남이 안 좋게 생각할까 봐 말과 행동을 조심하고 실수할까 봐 전전긍긍한다. 지나고 보면 별것 아니었음을 뒤늦게 깨닫는다. 수영할 때 팔과 다리에 힘을 빼야 더 정확하고 효율적으로 움직일 수 있다. 삶에서 힘을 빼다는 것 역시 이와 같을 것이다. 사소한 것에 쓰는 에너지를 아껴서 더 효율적인 삶을 만드는 지혜가 필요하다. 어깨에 힘을 빼고 남의 시선에 무뎌질 수 있는 나만의 맷집을 키워가는 것. '그건 네 생각이고'라고 말하며 타인의 시선으로부터 자유로워지기를 연습한다. 근육을 회복하는데 집중하며 물속에서 활동하는 내 몸과 친해지려고 노력하는 것처럼, 이 주문이 내 삶에서도 자연스럽고 편안한 나만의 방법이 될 것이다.

수영뿐만 아니라 플루트와 글쓰기 등 일상의 모든 부분에서 억지스러운 힘이 자연스러운 힘으로 변환되어 내 삶의 속도와 호흡을 적절히 조절하면서 나아가는 내가 되기를.

편안함에 이르렀나

무더위에 지칠 대로 지친 몸을 소파에 뉘며 TV 전원을 켰다. 멍때리는 시간이다. 마침 〈나의 아저씨〉라는 예전 드라마가 나온다. 2018년 방영 당시에는 분위기가 칙칙해서 나까지 처지고 우울해지는 것 같아 보지 않았다.

이번엔 건축 구조 설계사인 동훈의 대사에 꽂혀서, 뉘었던 몸을 일으켜 몰입해서 봤다. 특히

'인생도 어떻게 보면 외력과 내력의 싸움이야. 무슨 일이 있어도 내력이 세면 버티는 거야.'

이 대사는 내력의 강도가 어느 정도여야 흔들리지 않을까, 자꾸 흔들리는 나의 내력을 측정해 보고 싶다고 생각하게 했다.

'너 같은 인간 때문에 내 인생 무너지게는 안 둬!'

나를 흔드는 인간을 만나면 이 말을 주문처럼 사용해야겠다는 생각이 들었다.

'사람 알아버리면 그 사람이 무슨 짓을 해도 상관없어. 내가 널 알아.'

'그 사람 알아'라는 말을 참 쉽게 하는 데 이 대사를 듣고부터는 그 말을 가볍게 할 수가 없다. 어디까지 얼마나 알아야 상대의 행동이 이해되고 용서가 될까, 동훈의 내력 깊이를 잴 수나 있을까 라는 생각이 든다.

이처럼 대사 하나하나 곱씹으니 남녀 주인공의 아픔이 내 아픔처럼 느껴지면서 그들이 정말 편안함에 이르기를 간절히 바라게 되었다.

남자 주인공 박동훈은 '성실한 무기징역수처럼 꾸역꾸역' 하루하루 살아가는 사람이다. 도살장에 끌려가듯이 출근해서 성실하게 근무하고, 퇴근 후에는 형제들, 동네 조기축구회 회원들과 술자리를 갖고, 집에 와서 다시 소주를 마시면서 하루를 마감한다.

여자 주인공 이지안은 박동훈의 부서에서 잡무를 처리하

는 계약직 직원이다. 한겨울에 난방도 안 되는 단칸방에서 장애인 할머니와 살며, 식당에서 설거지하면서 몰래 들고 온 잔반으로 끼니를 때운다. 거기다 기억에도 없는 엄마의 빚 때문에 사채업자인 광일에게 갖은 욕설과 폭행을 당하고, 돈을 버는 족족 다 뺏긴다. 스물한 해를 사는 동안 날마다 칼바람 부는 한 겨울이다.

어쩌다 사내 권력다툼에 엮이게 된 이 두 사람은 사건을 해결해 나가는 동안 서로가 서로에게 안식처가 된다.

등장인물들은 세상의 기준으로 보면 하나같이 실패자들이다. 신용불량자가 되어 아내에게 쫓겨난 동훈의 형, 한때 천재 영화감독이라 불렸지만, 현재는 백수인 동생, 제약회사 이사였으나 이제는 아파트 계단 청소부 등등. 술집 정희네에 앉아 시답잖은 농담을 흘리면서 술잔을 부딪치는 이들이 찌질하고 한심해 보일 수 있으나, 서로 돕고 의지하면서 살아가는 그들에게서 사람 냄새가 나고 정겨웠다. 피라미드 꼭대기에 앉기 위해 최소한의 양심도 없이 행동하는 무리와 대비되는 그들이 결국 보통의 우리이고, 세상을 살만한 곳으로 만드는 우리 모두의 일상이라 생각되었다. 그러면서 드라마를 보는 내내 '양심'이라는 단어가 머리에서 떠나지 않았다.

 양심은 도덕적 판단이나 행동의 기준이 되는 내면의 목소리다. 편안함에 이르게 하는 내면의 소리로 스멀스멀 올라오는 욕심을 끄는 스위치다. '이만하면 됐어'라고 속삭이는 내면의 소리에 귀 기울이고 행동할 때 편안함을 주기 때문이다. 반면 양심에 반하는 행동을 했을 때는 나부터 불편하다. 혹여 누군가 알게 될까 불안해 콩닥콩닥 가슴이 뛰고 눈치를 살피게 된다.

 쪽 팔려서 지금껏 꽁꽁 숨기고 있었던 일이다. 대학 때 전공과목 시험을 칠 때다. 시작종이 울리고 교수가 칠판에 문제를 적기 시작했다. 1번 답을 열심히 쓰고 있는데 교수가 내 옆으로 와서 손을 내밀었다. 순간 심장이 쿵 하고 떨어지고 목덜미가 화끈거렸다. 평생 안 하던 짓을 하다 보니 어설플 수밖에. 커닝 종이를 보고 적다가 딱 걸렸다. 지난번 시험에 과 수석인 친구가 커닝하는 걸 봤다. '뭐야! 과 수석이 커닝해?' 순간 억울하다는 생각이 들었다. 장학금을 받아야 학자금 대출을 줄일 수 있으니, 아등바등 기를 쓰고 공부한 나는 수석을 놓치고, 커닝이나 하는 저 애는 수석을 했나라는 생각이 들면서 그 애가 미워졌다. 그래서 나도 이번 시험에는 커닝 종이를 준비했다. 시험이 시작되자 '억울해, 억울해'라는 가슴 속 울림에 이끌려 종이를 꺼냈는데, 1번 답을 다 쓰기도 전에 들켜 버린 것이다.

나는 왜 이토록 어리석은 일을 자초했을까?
우선 상대적 박탈감이 컸기 때문이다. 처음에는 수석을 한 친구가 부러웠고, 열심히 했을 그 친구가 대단해 보였다. 그래서 다음엔 더 열심히 하자고 다짐했었다. 그런데 친구의 부정적인 모습을 보자 원래 수석은 내 자리인데 빼앗겼다는 느낌이 들었다. 그 때문에 수석을 놓친 아쉬움이 더 커지고, 그 자리에 대한 갈망은 더 부풀었다. 그러면서 쉽게 수석을 차지할 방법을 생각하게 되었다. 많은 과목과 엄청난 분량을 처리해 내기 위해 잠을 줄이고, 주말을 반납했던 노력을 조금이라도 줄이면서 그 자리를 편하게 차지할 수 있는 것이 커닝 종이였다.
거기다 '뭐 어때, 남들도 다 하는데 안 하는 내가 바보지'라며 부정한 무리에 동조하면서 나의 행동을 합리화했다.
무엇보다 '시험은 내 실력으로'라는 나의 도덕적 기준이 확고하지 않았기 때문에 '억울해'라며 외치는 마음속 꼬드김에 홀라당 넘어가 버렸다.

　이후 시험을 망쳤나, 아니다. 완벽하게 다 풀었다. 왜냐하면 스터디에서 친구들에게 가르쳐 줄 정도로 잘 준비했기 때문이다. 커닝 종이 없이도 충분히 할 수 있을 정도로 준비를 해 놓고 '왜 나만 양심적이어야 되지?'라는 못난 생각 때문에 얕은 수작을 부리다가, 그동안 내가 쌓은 '성실한 학생이다'라는 평판마저 한순간에 날려버렸다. 지금 생각해도 그 짧은 순간의 선택이 참 어이없다.

　얼마나 쪽 팔리던지 이후 수업 시간에 그 교수를 똑바로 바라볼 수 없었다. 시간이 지날수록 잊히는 게 아니라 수치심은 더 커져서 다른 과목 교수들까지 피하게 되었다. 뿐만 아니라 우리 과에 소문날까 봐 전전긍긍했었다. 그런 내 모습이 너무 초라하고 참으로 한심해서 불편함을 넘어 내 마음은 지옥이었다. 순간의 유혹을 이기지 못해 스스로 지옥불에 가둔 셈이다.

　인간은 불완전한 존재로 실수하고 후회하기를 반복한다. 양심에 어긋나는 일을 저질렀을 때 얼마나 무서운 마음속 형벌이 따르는지 절실히 느꼈기에 정직하기 위해 이전보다 더 큰 노력을 해야 했다. 남들은 몰라도 나는 알고 있기에 스스로에게 떳떳하기 위해서다.

또 내 행동과 선택이 가치관과 일치하는지 점검하는 시간을 통해 점점 나아지려고 애썼다.

뼈 아픈 이 경험은 '시험은 내 실력으로'라는 가치관을 다시 확고히 하는 계기가 되었다. 그래서 오픈북 시험마저도 책 없이 쓸 정도로 열심히 공부했고, 매 학기 장학금을 받아 '대학은 내 힘으로'라는 다짐을 끝까지 지킬 수 있었다. 여전히 스터디에서 친구들을 도왔고, 팀 과제 역시 주도적으로 했다. '나'보다 '우리'가 잘되기를 바라는 마음에서다. 한결같은 나의 행동 때문인지 다행히 나의 염려와는 달리 여전히 믿어주는 친구들과 교수님들이 있었다. 덕분에 좋은 관계를 지속적으로 이어갈 수 있었다.

만약에 그때 들키지 않았다면 나는 그러한 행동을 계속했을지 모른다.

아메리카 인디언들은 양심을 '마음속의 삼각형'이라 했다. 양심의 가책을 느끼는 행동을 하면 마음속의 삼각형이 돌면서 삼각형의 꼭짓점이 마음을 찔러 아프게 한다. 그러나 계속 돌리면 삼각형의 꼭짓점이 무뎌져서 아픔을 느끼지 않게 된다. 삼각형의 꼭짓점이 닳고 닳아 원이 되어가는 줄 모르듯, 잘못을 저지르고도 그것이 잘못된 일인지도 모르는 사람이 되어갈 것이다. 생각만 해도 소름 끼친다. 당장 눈앞의 이익이나 편리함을 쫓으려 하기보다, 지금 이 행동이 미래의 내게 어떤 영향을 미칠지 잠깐이라도 생각한다면 스멀스멀 피어나는 유혹에 쉽게 넘어가지는 않을 것이다.

　이러한 노력이 모여 편안으로 인도하는 양심의 소리를 지키는 것이다.

　양심의 저울은 수시로 흔들린다. 그럼에도 불구하고 양심에 따라 행동한다면 자존감이 올라간다. 스스로에게 떳떳하니 당당하게 행동하게 되고 자신에 대한 인정과 존중이 커지기 때문이다. 그래서 드라마 속 동훈의 행동은 늘 거침이 없다.

　또한 타인에게 신뢰를 줄 수 있다. 동훈이 어떤 말과 행동을 해도 주변 사람들은 그를 믿는다. 정황상 의심이 가는데도 그의 상사는 다른 사람은 몰라도 너는 믿는다라고 하고, 이상한 소문에도 동료들은 동훈이 그럴 리 없다고 일축한다. 평소 유혹에 흔들리지 않는 그의 모습을 봐 왔기 때문이다.

　우리가 양심을 지키는 가장 큰 이유는 무엇보다 마음의 평화를 원하기 때문일 것이다. 드라마의 마지막 대사 '지안,

편안함에 이르렀나'가 큰 울림을 주었다. 마음의 지옥 불을 경험한 나이기 때문에 더 그랬을 것이다. 목숨까지 위태롭던 남녀 주인공이 사건을 모두 해결하고 각자의 길을 걷다 해후했을 때 너무나 편안해 보였기 때문에 양심을 지키는 것이 결국 옳은 길이고, 이기는 길임을 확인했다.

또한 동훈처럼 진짜 사람 냄새나는 사람으로의 삶이, 나와 타인을 살리는 길임을 깨닫는 작품이었다.

드라마 초반에 동훈이 지안에게 이름의 한자를 물었었다. 이를 지(至) 편안할 안(安)이다. 편안함에 이르다. 양심을 올바르게 세워 편안함에 이르라는 작가의 당부가 들리는 듯하다.

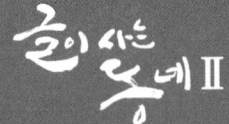

너를 품에 안고

함께한다는 것은 퍼즐이다.
각기 다른 조각들이 모여 하나의 그림을 완성한다.
다르다고 밀어버리거나 빼 버리면 완성작이 나올 수 없다.
함께란 내가 나이게 하고, 너가 너이게 힘이 되어줄 수 있는 것이다.
그러려면 고목처럼 내가 가진 것의 일부를
편안히 내 줄 수 있는 여유와 베푸는 마음,
자기로써 뿌리를 내릴 수 있게
품어주고 안아주는 기다림과 이해의 마음을 가지는 것,
다르지만 받아들일 수 있는 포용력이 있어야 한다.

(본문 중에서)

최수미

망설이지 말고,
나의 꿈을 향해 멈추지 말고,
나의 꿈길로 나아가
가장 나 다운 꽃으로
피어나고 싶어.
한 걸음을 걸어도 나답게 걸으며!

최수미

그저 바라 볼 수만 있어도
가슴 아리는 이름
맹꽁이 구출 작전
내 앞길 내가 정했습니다
너를 품에 안고

그저 바라 볼 수만 있어도

　사랑은 단어만으로도 가슴은 콩닥, 얼굴은 불긋 설렘을 준다. 사랑은 어떤 사람이나 존재를 몹시 아끼고 귀중히 여기는 마음 또는 그런 일, 어떤 사물이나 대상을 아끼고 소중히 여기거나 즐기는 마음 또는 그런 일, 남을 이해하고 돕는 마음 또는 그런 일이다. 사랑은 받는 것이 아니라고도 하고, 아프다고도 한다. 아름답다고도 하고 가슴 절절하기도 하며 밉기도 하다고 한다. 또 사랑은 어렵다고 하지만 싫어하는 사람은 없을 것이다.

　사랑은 인간관계에서 절대 빼 놓을 수가 없다. 살아가면서 다양한 인연으로 만나 수 많은 감정 속에서 마음을 움직이게 하고 그 속에서 시너지를 만들어내기도 하며 삶을 이어가게 하기 때문이다.

얼마 전 엄마는 고난도의 머리 시술을 받았다. 머리 수술만 두 번째이고 이전에 전신 마취 수술은 다섯 손가락을 다 꼽는다. 수술이라면 몸서리치는 엄마를 겨우 설득해 더 나쁜 상황을 예방코자 감행한 시술이었다. 하지만, 시술 전보다 나빠진 결과에 가족 모두의 마음은 노심초사 불안하고 힘든 나날이 되었다. 지푸라기라도 잡는 심정으로 조금이라도 차도를 보일 수 있는 것이라면 도전해 봐야 했다. 혼자서 있으면 휘청거린다며 주방에는 식사 때 말고는 출입을 못 하신다. 온종일 안전하게 계시는 일이 엄마가 해야 하는 일과가 되었다. 엄마가 하던 일들이 고스란히 아빠에게로 넘겨졌다. 자식으로서 찾아뵙는답시고 잠깐씩 들를 때마다 일상과 달라진 상황에 적응도 되지 않고 힘에 부쳤다. 하지만 아빠는 엄마의 몸과 마음이 되어 힘든 내색 한 번 없이 묵묵히 곁을 지키신다.

그러던 어느 날, 마당 한 편에 눈길이 멈췄다. 한 평 남짓의 정사각형 나무틀 안에 황토가 도톰하게 깔려 있었다.

평소 귀담아들으시지 않는 듯했는데, 맨발 걷기의 효능을 기대하셨을까. 아빠 삽을 드셨고 가까운 산에 오르셔서 황토를 한 자루씩 담아 나르셨다. 마당 한편 양지바른 곳에 틀을 만들고 황토를 체에 곱게 걸러 엄마를 위한 어씽 공간을 만드셨다. 엄마가 쉬는 공간인 정자 옆이다. 수돗가와 정자까지 엄마의 동선을 고심하며 작업한 흔적이 역력하다. 어씽을 하고 편하게 씻을 수 있는 수돗가며 낮은 의자까지 마련한 세심한 배려와 배우자로, 친구로서의 아빠의 모습이 그대로 드러난다. 엄마를 위하는 마음이 느껴졌다. 네모난 나무 테두리는 아빠의 마음을 전하는 편지 같았다.

아빠는 세심하고 꼼꼼한 분이다. 여든이 넘으셨지만 차를 운전하던 순간부터 기록해 오시는 차계부를 아직도 챙겨 적으시고, 소일거리로 텃밭에서 재배한 농작물을 로컬푸드에 내다 판 내역도 하나 하나 기록하신다. 자식 넷에게 하루에도 두세 번씩 전화해서 안부를 물으실 만큼 잔정도 많고 애살이 많으신 분이다.

엄마가 아프고부터는 시간마다 혈압계를 체크하시는 모습, 약봉지를 때맞춰 챙기시는 모습, 봄나물을 손수 데치고 무쳐 식사를 챙기시는 모습은 세심함의 끝판왕이다. 떡 하나에 두유 하나를 간식으로 나눠 드시는 모습, 손과 발을 함께 움직여보며 놀이하듯 아기 대하듯 하시는 모습에서 오십여 년 함께 한 세월을 느낀다. 먼저 나서지 않고 도움 요청을 기다리시는 모습에서 배려가 몸에 베여있음이 느껴진다.

오십 오 년지기 사랑은 그저 바라보는 것만으로도 호수에 내려 앉은 윤슬처럼 은은한 빛을 발하는 것일까?
특별한 듯 잔잔한 소소한 일상을 함께 나누며 엄마가 조금씩 좋아질 수 있게 힘이 되어준다. 상대가 할 수 있는 만큼 할 수 있게 기회를 주고 힘들면 잠시 기댈 수 있는 언덕이 되어주는 것, '이랬으면 좋겠는데'라는 나의 바람속에 가두는 것이 아닌 원하는 것을 편하게 할 수 있게 해 주는 것, 줄 수 있다는 것에 만족하고 감사하며 그에 대해 돌려받으려는 기대를 하지 않는 것, 함께하는 것만으로 의지가 되고 용기를 주는 존재.

팔순을 바라보는 엄만, 아빠의 사랑 밭에서 햇볕을 쬐고 있다. 햇볕에 달구어진 황토밭은 말캉하고 따뜻한 마음이 되어 고스란히 온몸으로 퍼져 건강하게 오래 함께하자는 무언의 대화를 하기도 한다.

무심한 듯한 표정으로 엄마를 지켜보는 아빠의 얼굴이 햇살보다 따사롭다.

그저 바라보는 눈빛이 다 아는 듯 편해 보인다.

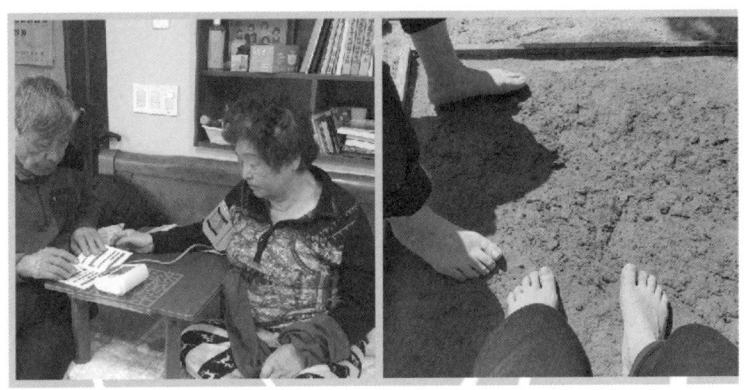

가슴 아리는 이름

 우리가 알고 있는 모든 것에는 이름이 있다.
 이름이란 다른 것과 구별하기 위하여 사물이나 단체, 현상 따위에 붙여서 부르는 말이다. 또 사람의 성에 붙여 다른 사람과 구별하여 부르는 말이기도 하다. 역할에 맞게 호칭으로 부르기도 하고, 별칭이나 애칭으로 부르기도 한다. 또, 친숙한 애정의 표현으로 쓰이는 이름도 있다.

 우리가 세상에 존재할 수 있는 것은 나를 있게 해 준 부모가 있기 때문이다. 어릴 적엔, 부모는 당연히 있는 존재로만 알았다. 그러하기에 부모에 대해 어떤 고마움, 바람, 기대보다는 늘 옆에 있기에 엄마는 엄마이고 아빠는 아빠였다. 당연한것으로 여겼다. 나이가 들며, 가정을 이루고 자식을 키우면서, 어느덧 그 시절 엄마의 나이대가 되어서야 엄마라는 이름을 생각하게 된다.

그저 결혼하고 아이를 낳으면 엄마가 되는 줄 알았다. 물론 아이를 잉태하고 낳았으니 엄마임은 틀림없다. 또, 스무 몇 해동안 엄마라 불리며 시행착오를 겪었지만 나름 역할을 하고 있으니 엄마다. 그러나, 흐르는 세월만큼 그 역할과 책임에는 무게감이 한 껏 실린다. 무게만큼 후회와 반성도 생긴다. 그제서야 자식을 통해 내가 엄마에게 마냥 부족한 딸이었다는 것을, 엄마라는 이름에 어울리는 부모가 된다는 것이 얼마나 어려운지 알게 된다.

나의 엄마는 어린 나이에 엄마를 잃었다. 사랑을 한참 받고 어리광 부리는 아홉 살에, 엄마라고 맘껏 불러보기도 전이었을 것이다. 피붙이였던 유일한 동생과 눈치를 보며 줄줄이 태어나는 이복동생들을 챙겨야 하는 맏이의 역할을 해야 했다. 부담이었고 아픔이었고 살아내야 하는 현실에서 그 삶의 무게는 어떠했을까? 당시의 심정을 가늠해 보려 하지만 지금의 엄마 얼굴만 떠오를 뿐 상상하기가 어렵다.

삶의 무게 때문일까 사랑을 받지 못 해 주는 법을 몰라서였을까? 나의 엄마는 불뚝하는 성격에 사랑 표현이 서툴다. 서툰 정도를 떠나 무뚝뚝하고 퉁명스럽다. 그러한 엄마를 조금 이해하게 된 것은 내가 첫 아이를 낳아 친정에서 몸조리를 하고 있을때다. 유일하다며 의지했던 엄마의 피붙이 동생이 갑작스런 사고로 세상을 떠났다. 산후조리를 해 주던 엄마는 나에게 미안하다며 삼신할매가 노할 수도 있지만 동생을 보내는 길에 꼭 가야겠다고 하셨다. 그리고 동생과 작별하고 돌아오신 날, '난 이제 고아다'라며 눈물을 훔치시는 모습에서 그 아픔과 슬픔이 고스란히 느껴졌다. 서러운 울음이 아픔으로 메아리가 되어 와 닿았다. 그 모습을 보며 어린날 새 엄마에게 미운털이 박히지 않기 위해 애썼던 얘기들을 고인이 되신 외삼촌께 들은 바 있기에 엄마의 힘겨웠던 어린날이 무뚝뚝함과 표현에 인색한 사람으로 변해가게 하지 않았을까 생각하게 되었다.

엄마의 어린시절과는 달리, 난 청개구리 딸이었다. 하라는 것은 듣지 않고 억지고집을 앞세우는 까칠한 보리까끄래기였다. 사춘기 때는 최고에 다다랐었다. 왜냐하면 속내를 터놓고 싶었을 때 엄마는 나의 입장과 마음을 잘 헤아리지 못하고 서툴렀다. 벽에 부딪히는 대화에 말문을 닫았고 풀리지 않는 속내는 까칠함으로 답했다. 사랑도 받아봐야 줄 수 있다. 엄마는 내리사랑을 받지 못했지만 본인 방식대로 사랑을 느끼게 해 주려 했다는 걸 아주 늦게 알게 됐다. 까칠한 딸을 어르고 달래며 키워내느라 맘 고생을 많이 하셨을 것이다.

두어 해 전, 엄마는 세배하는 나와 가족에게 덕담을 하시며 많은 말씀을 하셨다. 그간 가슴 속 한 켠에 묻어두고 표현하지 못했던 수 많은 말들을 꺼내셨다.

작년에 출간한 나의 책을 끝까지 읽으며 느낀 부분들이 있다라고 말문을 트시는데 머리에서 발끝까지 전율이 느껴졌다. 처음부터 끝까지 책을 정성껏 읽으시고 당신 삶을 살피게 되고, 뒤늦게 알게 된 삶이 크다고 얘기하신다. 서툴렀기에 부족했고, 그래서 뒤늦게 미안하다는 생각이 들었다며 사랑한다는 표현까지 덧붙인다. 얘기를 듣는 동안 엄마의 삶이 눈 앞에 파노라마처럼 그려지고 눈물이 비 오듯 흘러내렸다. 표현에 인색했던 엄마가 이렇게 많은 고백들과 사랑한다는 표현을 하기가 쉬웠을까.

그날 이후, 스마트폰 배우는 재미에 빠져 문자보내기 연습과 수영도 하시며, 당신 삶에 집중하며 살아가는 모습이 보기 좋았다. 잘 안된다며 안타까워하시는 모습은 어린아이 마냥 귀엽기까지하다. 어설프고 짧은 문자지만 주고 받는 순간들이 모녀간의 비밀같아 설레고 행복했다. 한 치의 의심없이 쭈욱 그 모습일꺼라 생각했다.

하지만 이 모습은 얼마가지 못했다. 뇌에 적신호가 오면서 어린아이가 되었다. 문자보내던 폰은 손에서 미끌려 놓치기 일쑤고 걷는 것도 어둔하여 스스로 할 수 있는 게 없어지기 시작했다. 자식들에게 손수해서 건네주던 음식은 이제 더 이상 할 수 없게 되었을 뿐만 아니라 아빠의 보살핌에 의지해야만 일상 생활을 할 수 있게 되었다. 재활치료를 하며 더 나빠지지 않기위해 노력하고 있다.

몸 상태는 나빠졌지만 뇌 회로의 이상 때문일까. 엄만 예전보다 많이 웃으시고 말투도 부드럽고 감정 표현도 많아졌다. 회로에 이상이 오고서야 쪼아 놓은 나사가 풀리듯 억압되고 목말라하신 사랑의 감정들이 풀리는 걸까, 그 모습이 더 가슴을 아리게한다. 가슴이 아리는 것은 그 동안 세월 속에 쌓인 안타까움, 아쉬움들이 서로 부딪히며 스크래치를 내기 때문이다.

긁힌 상처는 쓰리고 덧나게 한다. 상처가 아물어도 흉터로 남아 있다. 스크래치는 미처 놓쳐버린 순간들의 안타까움, 아쉬움이 겹겹이 포개져 있다가 한순간 봇물처럼 치솟아 올라오게 한다. 그 순간 세상에서 단 한 사람에게만 부를 수 있는 엄마라는 이름은 가장 슬픈 이름이 된다.

하지만 그렇게 내버려두지 않을 것이다. 슬픈 이름이 되지 않게 함께 할 수 있는 허락된 시간을 허투루 쓰지 않을 것이다.

집 앞 벚나무길을 편히 걸을 수 있게 엄마의 보폭에 발을 맞추어 본다. 100m 남짓한 꽃 길이 눈 앞에 길게 드리워져 있다.

"엄마, 꽃이 참 곱제? 여태 살며 엄마랑 이 길은 처음 걸어보제?"

"그렇네. 같이 걸어 갈 일이 뭐이 있었나? 얼마 전까지만 해도 늘 이 길로 해서 강가까지 걸어 운동다녔었는데… 이래 천천히 걸을 줄 몰랐다."

"맞제. 그래도 이렇게 걸을 수 있는게 얼마나 감사한 줄 모른다. 누워있다 생각해봐라. 안 그렇나?"

"내가 이래가 너들이랑 아빠한테 미안네."

"그런 말도 안 되는 소리 절대 하지마라. 곁에 이래 있는 것만으로도 얼마나 든든하고 큰 힘이 되는데, 그라고 이렇게 조금씩 움직이고 운동하면 분명 좋아진다. 마음 급하게 생각하지 말고. 좋아질꺼란 생각만 하고 틈틈이 걷고 긍정적인 생각하는거대이. 알겠제?"

"오야. 알겠다. 그라지."

"큰 도로 승강장까지 가 보까? 가다 힘들면 참지 말고 얘기해래이 엄마. 저 앞에 돌 위에 앉았다가던지 돌아 집에 가구로."

행여 넘어질까 부축한 손에 힘이 들어간다. 이젠 내가 보호자가 되어, 든든한 버팀목이었던 엄마의 작은 지지대가 되는 순간이다. 함께 할 수 있는 지금이 봄 햇살만큼 따스하고 벚꽃처럼 환한 미소로 다가와 가슴 속엔 감사함으로 느껴진다.

세월이 흘러 가슴 아리는 슬픈 이름이 아닌 봄꽃처럼 따뜻하고 포근한 이름이 될 수 있도록 아낌없이 표현하련다.

쑥스러워 아꼈던 그 말을 속삭여본다.

"엄마, 사랑해"

맹꽁이 구출 작전

난 맹꽁이다.

맹꽁이란 말은 빨리 움직이지 않고 굼뜨거나 얼간이를 비유할 때 사용하는 말인데, 요즘 나의 꼴이 빠릿빠릿하기보다는 느릿하고 아무 생각없이 멍한 상태가 지속되기 때문이다.

오늘도 난 공원으로 향한다. 신발을 벗고 바지를 둥둥 걷어 올리고 황토 라인으로 들어선다. 조금 걸어 어씽족들이 모인 곳에 자리를 잡고 선다. 발뒤꿈치를 들었다가 내리면 종아리의 근육들이 오르락내리락하며 진흙속으로 빠져든다. 시간이 지날수록 머릿속도 진흙탕 색처럼 탁하고 맹해진다.

작년 봄이었다.

맨발 걷기의 붐은 나에게까지 솔깃하게 다가왔다. 황성공원에 새로 생긴 황톳길과 맨발로 걸을 수 있는 곳이라면 어디든 쫓아다녔다. 처음엔 100일이 목표였다. 비가 오나 눈이 오나 하루도 빠지지 않고 걸었다. 한 번씩의 고비가 있었지만 목표를 달성했고 또다시 100일 추가 목표를 세웠다. 산길, 소문난 흙길 등 흙이 있는 곳이면 맨발로 걷기 시작했다. 최근에는 숲길이 좋아 고르게 단장되어 있지는 않지만, 숲에 나 있는 흙길을 따라 걷기도 했다. 가시에 찔리기도 했지만, 묵묵히 걸어 나갔다. 추운 영하의 날씨에도 맨발을 고집하며 아직 이어가고 있다.

100일의 목표가 1년을 훌쩍 넘어 설 수 있었던 건 무엇 때문일까. 유행을 따르는 것을 좋아하진 않지만, 건강에 관한 정보는 잘 따른다. 의문을 가지고 반문하기보다는 바로 '아! 좋겠네'라는 생각이 들면 실천으로 옮긴다. 특히 음식은 몸에 좋다 하면 따라 해서 먹어보고 몸에 이로운 활동이 있다면 따라 해본다. 맞으면 지속적으로 하고 조금이라도 번거롭거나 짧은 시간 효과를 느끼지 못하면 그만둬버린다.

맨발 걷기는 유행처럼 따라 하긴 했지만 이로운 점이 많았다. 맨발 걷기를 통해 나와의 약속을 소중히 생각하게 되었고, 그 약속을 지키다 보니 지속력이 생겼다. 꾸준함의 매력을 맛보았고 주변을 자세히 살피면서 새롭게 발견하는 신기함과 호기심을 갖게 해 주었다. 호기심은 도전을 즐기는 성향으로 바꿔주었고 예전에는 엄두도 내지 못했던 혼자만의 산행까지 즐기게 되었다. 걷는 시간만큼 몸과 마음이 건강해지는 것을 느꼈고 포기할 수 없게 되었다. 이제는 동네 낮은 산 정도는 맨발로 충분히 걸어 다닌다. 경험을 통해 나만의 걷기 맛에 푹 빠졌다.

익숙해지면 무뎌지기도 하고 새로운 것을 찾게 한다. 숲길 맛에 빠져 있던 어느 날, 한 편에 수북이 서 있는 무리가 보였다. 궁금하긴 했지만, 먼 발치에서 바라보기만 했다. 아침부터 삼삼오오 모여 조회 대열로 서 있는 모습과 조잘대며 새어 나오는 수다 소리는 카더라통신으로 여겨져 썩 좋아 보이진 않았다. 하지만 궁금증을 자아내는 모습이 있었다. 어씽이었다.

여느 때처럼 맨발 걷기를 마치고 세족대에서 발을 씻고 있는데 옆에 있던 분이 어씽을 추천했다. 지난해 가을부터 어씽만 하고 계시던 분이다. 그분은 어씽을 통해 건강이 좋아졌다며, 그 경험을 다른 이들도 느끼길 바란다고 했다. 몇 년 동안 다양한 운동을 시도했지만, 큰 효과를 보지 못했는데 어씽을 하고 45일 만에 몸에 변화가 나타났단다. 놀라움과 신기함에 지금까지 하고 있는데 근력까지 좋아졌다며 어씽전도사가 되었단다. 나를 늘 지켜보고 있었다며 진정 건강을 생각한다면 이왕이면 시간 아깝게 숲길 걷지 말고, 어씽을 해 보라는 것이다. 일주일만 해 보면 변화를 느낄 것이라 한다. 한겨울 종종 얼어붙는 날에도 마주쳤던 분이라서 믿음이 갔다. 맨발 걷기를 통해 걷기 맛을 본 나로서는 이분도 좋은 마음으로 추천하고 있다고 여겨졌다.

다음날부터 나의 발길은 삼삼오오 모여있는 어씽장소 한쪽에 나무처럼 자리를 잡고 섰다. 이전에 어씽이라는 단어를 접해보았기에 낯설지 않고 친숙하게 들렸다. 바다에서의 어씽이 좋다는 얘기까지 여러 번 들었기에 들은 그대로 믿고 있었다. 얕은 지식, 아니 단어로만 접지, 어씽이라고 머릿속에 각인되어 있으면서 다 아는 것처럼 말이다. 추천인은 물이 고인 황토에서 있는 것부터, 까치발로 오르내리며 다리근육까지 키울 수 있다는 얘기를 솔깃하게 해준다. 금방이라도 그리될 듯 귀가 팔랑거리며 지금보다 더 건강해지고 싶다는 욕심이 앞서기 시작했다. 일주일만 해 보면 확연히 느낄 것이라는 말은 그렇게 믿고 싶은 간절한 마음에 각인되어 열심히 숙지한 대로 행동으로 옮겼다. 하지만 마음과는 달랐다. 하루 이틀 발꿈치를 올렸다가 내렸다 했지만 아무렇지 않았다. 다리 당김이 있느냐고 하는데 아무 느낌이 없었다. 골반이 건강하면 종아리가 땅기지 않는다고 말씀하신다. 아닌데…. 나의 골반은 출산 때 한 번, 과격한 스피닝 운동으로 또 한 번의 충격으로 안 좋은 상태였기에 그 말을 믿을 수 없었다. 그럼에도 고관절 테스트를 따라 하고 있는 나 자신이 어이가 없기도 했다.

어씽의 시간이 하루하루 지나면서 같은 시간 흙길을 걸을 때보다 몸의 피로도는 더 커졌고 잠자는 시간이 늘었다. 어씽 효과일까, 생각이 들었다. 일과를 마무리하지 못하고 잠들기 일쑤였다. 움직이기 좋아하는 나로서는 한자리를 지키고 서 있는 것이 여간 힘든 게 아니다. 팔도 함께 움직여 보며 최대한 따분함을 물리치려고 숫자를 세었다. 40여 분간 머릿속엔 숫자만 가득하다. 어씽하며 숫자를 세다 보니 잡생각뿐 아니라 아무 생각 없이 점점 맹해지는 듯하고 잠을 많이 자다 보니 잠보가 되는 듯 점점 생기도 잃어 가는 듯 했다.

어찡한지 3주쯤 되었다.
맹꽁이 구출이 시급하다.
잠으로 인해서 해야 할 것을 못 하는 횟수가 늘고 스스로 게을러지는 듯해서 마음에 들지 않는다. 이대로는 안 되겠다. 생활에 변화가 필요했다.

다시 예전처럼 맨발 걷기로 패턴을 바꾸고 걷기와 어씽을 접목했다. 일주일이 되었다. 신기하게 걸음을 옮기니 뇌가 깨어나는 듯하다. 멈췄던 시곗 바늘이 움직이듯 사물을 살피고 궁금증이 생겨난다. 예전 경험을 통해 느꼈던 걷기의 묘미를 다시 생생하게 느낀다. 어씽에서 좋았던 운동법도 시간을 정해 병행한다. '바로 이거야'라고 속으로 야호 소리가 들리는 듯하다. 직접 겪어보고 느낀 것을 토대로 내 몸과 마음이 즐거워하는 운동 형태로 만들었기 때문이다.

어설프게 들은 말을 그대로 믿고 맹목적으로 대처하다 보면 일을 그르칠 때가 있다. 또 서툴고 미숙한 솜씨로 의

욕만 앞세워 일을 하면 역효과가 난다. 넘쳐나는 정보속에 너에게 좋으니, 나에게도 좋겠거니라며 무조건 받아들이면 나의 사례처럼 낭패를 겪게 되는 일이 많을 것이다.

시행착오를 줄이기 위해서는 내가 하고 싶은 것, 호기심 가는 것에 대해 정보 수집은 물론 나에게 맞는지 꼼꼼하게 따져보는 과정이 필요하다. 팔랑귀가 되어 남의 말을 순순히 받아들이기보다는 나의 각본을 만들어야 한다. 그러기 위해서는 무엇보다 '뭐지? 왜?'라는 질문을 던지고 스스로 해법을 찾는 습관을 들이는 것이 중요하다. 쉬운 듯 가장 어려운 일이다. 하지만 이러한 습관은 서툴지 않고 능숙한 모습으로 나에게 맞는 삶을 선물할 것이다. 다시 맹꽁이가 되지 않기 위해서다.

내 앞길 내가 정했습니다

〈탈주〉영화를 봤다.

오늘을 위한 추격과 내일을 향한 질주가 긴장감을 준다. 이 영화는 북한 최전방 군부대에서 내일이 있는 삶을 꿈꾸는 북한군 병사 규남과(이제훈) 그의 탈주를 막아야 하는 장교 현상(구교환)의 목숨을 건 탈주와 추격전을 그린 영화다.

10년 만기 제대를 앞둔 병사 신분의 규남은 탈주를 계획하고 있다. 모두 잠든 시간 내무반을 빠져나와 탈주 동선을 따라 시간과 방향, 지뢰위치등을 지도에 표시하고, 매일 밤 훈련하며 탈주할 날을 손꼽아 기다리고 있다.

그러나, 규남의 계획을 알아챈 하급 병사가 먼저 탈주를 시도하게 되고, 이를 말리려던 규남까지 함께 탈주병으로 체

포된다.

 탈주병 조사를 위해 현상이 부대로 온다. 현상은 탈주병이 어린 시절 알고 지내던 규남이라는 것을 알게 되고, 탈주병을 체포한 영웅이 규남이라고 보고한다. 그리고 미래가 보장된 직속 보좌 자리를 규남에게 권한다.

 하지만 규남은
 "허튼 생각 말고 받아들여. 이것이 너의 운명이야."
 라는 말에
 "내 앞길은 내가 정했습니다."
 라고 말한다.

 규남은 탈출을 시도하고, 현상은 한 치의 양보도 없이 추격하게된다. 목숨을 건 총격전에도 남한으로 귀순하고자 질주하는 모습에서 규남의 간절한 내일을 보았다.

 규남은 왜 탈주하고 싶었을까?
 북에서는 실패조차 할 수 없는 곳이라 생각했기 때문이다. 본인의 의지대로 할 수 있는 것이 없는 북한이기에 실패조차 용납될 수 없는 자기 삶에 아무런 희망이 없다고 생각했다. 그래서 규남은 스스로 삶을 선택하겠다는 의지가 가득하다. 생각에 그치지 않고 자신의 앞날을 스스로 결정짓고 실천하기로 마음먹었다. 실패하더라도 다시 도전해 볼 수 있는 기회를 얻고 싶었다. 어린 시절 현상을 형으로 부르던 때에 선물 받았던 책 표지에 『죽음이 아닌 의미 없는 삶을 두려워하라』라는 글귀를 통해 더욱 희망적인 삶을 꿈꿨을 것이다. 또, 그 때 형의 모습은 온데간데없고 엘리트 장교라는 현실을 지키기 위해 온 힘을 불 싸지르는 모습에서 더욱 회의감이 들었는지도 모른다.

현상도 한 때는 본인의 재능을 발휘하며 피아노 연주자로서의 꿈을 그리던 적이 있었다. 피아노를 치고 싶어 꿈틀대는 손가락과 그 마음을 고스란히 가슴 한 쪽에 억누른 채 현실에 충실해지려 하는 모습이 안쓰럽기까지 하다. 탈주하는 규남을 끝까지 쫓다가 마지막 순간에
"실패 많이 해 보라"
는 말을 내뱉으며 돌아선다. 어쩌면 감히 행동으로 옮기지 못하는 자신을 대신해 규남에게 자신을 이입하며 응원하지 않았을까.

영화를 본 후 나 역시 전력 질주했던 때가 생각이 났다. 내가 고등학교 1학년 때 겪은 일이다. 한창 인신매매범이

누비고 다닌다는 흉흉한 애기들이 아이들 사이에서 오갔다. 친구 둘과 천마총 앞 잔디에서 놀다 화장실로 이동 중이었다. 봉고차가 접근해 왔고, 건장한 남자들이 말을 건넸다. 길을 물으며 차는 섰고 차 문이 열렸다. 정말 잠깐의 찰나에 친구 둘과 눈이 마주쳤고 예사롭지 않은 상황임을 인지하고 셋은 달리기 시작했다. 황남동이 집이라 그곳 지리를 잘 아는 친구, 달리기를 잘했던 친구를 따라 뛰었지만 달리기엔 젬병이었던 나는 한참 뒤처졌다. 친구의 뒤통수만 보면서 뒤돌아볼 겨를도 없이 뛰었다.

내 평생 가장 전력 질주한 날이었다. 죽을 각오로 뛰었다. '잡히면 안 된다. 내 인생은 끝난다'를 되뇌며 뛰었다. 무서움도 컸고 현실이 아니길 바랐고 삶이 이대로 끝나지 않기를 바라는 마음이 생겼다. 뚜렷한 꿈도 없고 그저 현모양처를 그리는 순수한 여고생의 인생이 섬으로 끌려갈지도 모르고 어느 식당 한쪽에서 마늘을 까야 할 지도 모를 일이었다. '아침에 꿈자리 시끄러웠다며 한사코 나가지 말라고 엄마가 붙잡았을 때 팔을 뿌리치고 나오지 말아야 했어' 후회하며 눈물이 범벅되어 뛰었다.

한참을 달려 친구가 아는 작은 상가로 뛰어들어가며 상황은 종료됐다. '잡히면 안된다, 내 인생은 끝난다'는 그 절박함과 간절함은 모든 에너지를 발끝으로 모았고 최대한 달릴 힘을 주었다. 나의 삶에 대한 바람들이 있었기 때문이다.

 절박함과 간절함은 원하는 상황과 현실의 차이가 클수록 커진다. 간절함은 가질 수 없는 것을 가지고 싶어 할 때, 찰나의 순간 희비가 엇갈릴 때, 가능성이 없지만 가능했으면 하는 마음속 욕심이 치고 오를 때 더 절실해진다. 규남 역시 자신의 인생을 스스로 설계할 수 없는 암울한 현실 앞에 가슴속에서 울리는, 내 앞길에 대한 간절함이 있었기에 탈주라는 엄청난 계획을 감행하지 않았을까. 규남이 스스로 정한 '내 앞길 내가 정했습니다'라는 말은 누군가가 정해준 삶, 하라는 대로 하는 것이 아닌 자신의 의지가 반영된 것이다. 자신의 내일을 희망하고 도전하려는 의지가 확실할 때 말은 행동이 되어 원하는 모습을 만든다.

 나에 대해 알아가고 상황에 맞서 스스로 결정을 내리고, 결정에 따른 책임을 다하며 다듬어가는 것이 삶이다. 과정이 필요하다. 그 과정을 누군가 대신할 수는 없다. 스스로 선택하고 추진해 나가는 과정에서 때론 후회도 하지만 거듭 같은 일을 반복하지 않으려 애쓰면서, 더 알찬 삶으로 나아간다. 보람된 상황에서는 성취감을 느끼고 이를 통해 더 큰 성장의 기회를 만들며 원하는 모습이 되어간다.

간절함은 배고픔이다. 절절한 결핍은 어떤 힘듦과 아픔, 괴로움도 견뎌내며 이루고자 하는 욕구가 생겨나고 에너지를 발산하게 된다. 애벌레가 비상하는 날갯짓을 꿈꾸듯이.

타인을 따라하는 삶은 우선 편할 수 있다. 고민하지 않아도 되고 어느 정도 검증된 방법이기에 나 또한 잘될 것이라는 믿음과 확신이 들기 때문이다.
그러나 나의 의지가 아니기에 능동적이 아닌 피동적으로 임하고, 해야 하기에 하는 의무감에 활력도 떨어진다. 이러한 모습은 조금씩 성장하는 맛을 느끼는 삶이 아니라 제자리를 맴도는 다람쥐 쳇바퀴와 같은 삶이 될 가능성이 크다. '오늘 하루도 무사히'라는 안도감을 느끼는 삶이 될 것이다.

규남이 탈주를 위해 준비한 동선과 시간체크는 원하는 삶으로 나아가게하는 방법이고, 지뢰는 리스크에 대비하기 위한 계획이며 흙탕물(늪)은 유혹이나 힘든 상황으로 포기하고 싶을 때 다시 일어서는 힘을 키워야 함을 강조하는 것이리라. 나침반은 나아갈 길(방향) 앞에서 망설이거나 길을 헤맬 때 헤치고 나갈 굳은 다짐이 되어줄 것이다. 이 모든 것을 갖추고 달리는 질주는 지속성과 끈기로 이어져 조금씩 원하는 삶이 되게 하지 않을까.

갈증에 목말라 바짝 타들어 가는 식물에 한 방울 한 방울 빗줄기가 줄기를 세우고 잎을 키워 꽃을 활짝 피워내듯 규남도 자신에게 '내 앞길 내가 정했습니다'라는 비를 내려 꽃을 피웠다. 의욕이 샘 솟는 삶, 가능성을 믿으며 흙탕물 속으로 뛰어 드는 삶은 살아있음을 느끼는 살 맛 나는 인생이다. 스스로 나에게 기회를 주었을 때 누릴 수 있는 혜택이다. 규남이 자기 자신에게 기회를 준 것처럼, 내가 나에게 기회를 주는 삶.

이보다 더 큰 행복한 삶이 존재할까.

너를 품에 안고

 운림고택에 도착해 200여 년 전의 여행을 떠난다. 고택과 함께 세월의 흔적이 느껴지는 고목이 눈에 들어온다. 새순을 돋는 현재의 생물들과 옛 것이 자연스레 조화를 이뤄내며 편안함을 준다. 삐걱대는 협문의 소리, 바람 소리, 새 소리에 귀 기울이다 고요함이 찾아올 때쯤 고목안에 자리 잡은 이름 모를 나무와 풀처럼 어느새 나도 고택의 한 부분이 되어 고목옆에 살포시 앉아 하나가 되어본다.

 고목은 이름표도 없고, 잎새도 없어 무슨 나무인지 알 수 없다. 바닥에 떨어진 감꼭지들을 보며 감나무인가 추측할 뿐이다. 고목의 가지들 틈에 움푹 파인 공간에는 약간의 흙들이 있고 그곳에 이름 모를 풀과 나무들이 보금자리를 잡았다. 화분처럼 보이다가 나무 속 정원처럼도 보인다. 층층이 각각 다른 생명체들이 한 곳에 모여 공동생활을 하는 다가구 주택으로도 보인다. 또 엄마가 아이를 가슴 속에 꼭 품은 따뜻함도 느껴진다. 나는 나대로 너는 너대로. 하지만 다름 속에 함께 어우러져 있는 모습이 조화를 이루고 편안함을 전해준다. 사랑하는 이와 함께하며 꼭 안긴 모습이다.

편안함은 어디서 오는 것일까?
여백. 여유의 자리가 있어야 하는 것일까?
나는 저 고목처럼 묵묵히 나의 곁을 내어주는 여유를 갖고 있는 사람일까?
얼마만큼 품어 안으며 따뜻하고 포근함을 줄 수 있는 사람일까를 생각하다 함께라는 단어가 꽂힌다.

함께한다는 것은 퍼즐이다. 각기 다른 조각들이 모여 하나의 그림을 완성한다. 다르다고 밀어버리거나 빼 버리면 완성작이 나올 수 없다.
함께하는 단체도 마찬가지다. 서로간의 조화를 이루지 못한다면 원하는 모습을 만들 수가 없다. 독불장군처럼 혼자

튀거나 마음대로 행동한다면 이 나간 퍼즐의 한 조각처럼 부자연스러운 모습이 될 것이다.

 함께란 내가 나이게 하고, 너가 너이게 힘이 되어줄 수 있는 것이다. 그러려면 고목처럼 내가 가진 것의 일부를 편안히 내 줄 수 있는 여유와 베푸는 마음, 자기로써 뿌리를 내릴 수 있게 품어주고 안아주는 기다림과 이해의 마음을 가지는 것, 다르지만 받아들일 수 있는 포용력이 있어야 한다.

 오늘 말글반은 운림고택에서 퍼즐을 완성했다. 각자의 모습으로. 자연의 모습처럼 조화롭고 포근하다.

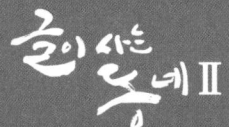

작은 선택들

고택의 담장을 크고 반듯한 돌로만 쌓은 게 아니듯,
우리의 삶도
대단하고 특별한 결정들만으로 이루어지는 것은 아니다.
작은 선택들.
그것들이 모여 결국 '나'라는 집을 지어간다.

(본문 중에서)

박성철

내게는 그저 스쳐 지나가는
평범한 하루가
누군가에겐 온 마음을 다해 그토록
바라고 또 바라던 하루.
그 하루를 살아볼 수 있다는 건
분명 기적일 것이다.
그래서 나는 오늘,
이 하루를 마음 다해 살아간다.

박성철

내 인생 첫 무대
바람아 불어라
작은 선택들

내 인생 첫 무대

얼마 전 장미샘(춤을 가르치는 선생님)이 나에게 이벤트를 하자며 제안했다.

곧 있을 정기총회에서 장기자랑으로 춤을 추자는 것이었다.

난 여러 사람 앞에 서는 것도 두려웠지만, 무대 울렁증도 있어 고민이 되었다.

하지만 지금 하지 않으면 다신 할 수 없다는 생각이 들어 해보기로 결심했다.

걱정도 되었지만, 이런 기회를 준 장미샘께 감사한 마음과 함께 재밌겠다는 기대감도 들었다.

몸치라서 선발되었다고 하는데 기분은 그리 나쁘지 않았

다.
그리고 모두가 몸치라서 실수해도 괜찮을 것 같았다.

첫날 춤을 배우는데 쉽지 않다는 생각이 들었다.
쉬워 보이는 동작도 마음과 달리 몸은 엉성하기 짝이 없었다.
또 뒤돌아서면 동작을 까먹었다.
나만 그런 게 아니라 모두가 그러했다.
우리는 몸치였고 기억력도 좋지 않아 걱정이 태산이었다.
나도 걱정인데 같이할 사람을 보니 더 걱정이었다.

우리는 매주 화요일 저녁에 연습하기로 약속했다.
시간을 정했지만 다 모이기는 힘들었다.
주야간이 있고 연말이라 각종 모임도 겹쳤다.
한두 명이 빠져도 연습은 계속해 나갔다.
나도 모임과 겹쳐 연습에 빠지기도 했다.
처음 며칠은 바닥만 보고 연습했다.
연습하다 보니 발동작이 좀 익숙해지고 옆에 동료도 보이기 시작했다.
이젠 음악 소리도 들리며 거울 속 내 모습도 보인다.

특히 기억에 남았던 건 공연이 가까워질수록 연습 시간이 부족해지면서였다.

댄스 학원에서 시간을 내기 어려워지자, 우리는 예술의 전당 1층 로비와 5층 공간을 활용하기 시작했다.
밤에 모여 남몰래 연습하던 그 시간이 짜릿하게 느껴졌다.
우리는 관계자(당직자)의 눈치를 보며 음악 소리도 낮추고, 조심조심 동작을 맞췄다.
그 짧은 시간에 집중하고 웃던 순간들이 우리만의 소중한 추억으로 남았다.
처음 우려와 달리 내가 즐기고 있다는 것을 느낄 때쯤 총회가 시작되었다.

모자와 단체복을 입고 기대하던 무대에 올랐다.
이상하리만큼 떨리지 않았다.
열심히 해서인지 잘 모르겠지만 분명 몸이 떨리고 긴장이 되어야 하는데 그렇지 않았다.
오히려 무대에서 관중들의 시선을 즐기고 있었다.
열심히 준비한 무대를 마치고 큰 박수를 받는데 나 자신이 자랑스러워서 눈물이 날 지경이었다.

그때의 감동과 여운은 지금까지 남아있다.

회원들에게 또 하나의 재미를 주기 위해 춤을 배워 무대에 섰는데 그 과정과 결과를 통해 내가 더 즐겁고 기쁘게 성장하고 있었다.

이번 경험을 통해 머리로만 알고 있었던 사실을 실제로 깨달을 수 있었다.

첫 번째, 함께하는 마음이 모든 것을 가능하게 한다는 것이다.

처음에는 몸치라는 생각에 내가 될까 걱정했지만, 시간이 흐를수록 영원한 몸치는 없다는 사실을 알게 되었다.

내가 유명한 무용수나 춤꾼이 될 필요는 없었다.

대신 함께 어우러져 호흡을 맞추고, 더 나은 모습을 위해 꾸준히 노력한다면 누구나 무대 위에서 빛날 수 있다는 것을 배웠다.

특히 공연을 앞두고 연습 시간이 부족해진 그때, 우리는 새로운 공간을 찾아 나섰다.

주 연습 공간이었던 학원은 다른 수업 시간과 겹쳐 원하는 만큼 이용할 수 없었기 때문이다.

익숙했던 학원 대신 예술의전당 로비와 5층 공간에서 늦도록 도둑 연습을 하며, 작은 음악 소리에 맞춰 서로를 북돋아 주고 동작을 맞췄다.

그 시간은 쉽지 않았지만, 우리가 함께였기에 더 집중할 수 있었고 끝까지 웃으며 연습하여 소중한 추억으로 남길 수 있었다.

'두드려라 그럼 열릴 것이다'를 몸소 체험한 귀중한 시간이었다.

두 번째, 도전은 성장의 기회를 만든다는 사실이다.

처음에는 두려움과 울렁거림이 있었다.

하지만 동료들과 함께하면서 이를 즐길 수 있었고, 무대에 올라서는 과정에서 나를 극복하고 있다는 것을 경험했다.

어려움을 극복하면서 찾은 자신감은 나를 돌아보게 했다.

일이 없어 영업을 나가야 할 때 막상 거래처 앞에 서면 쉽게 움직이지 못했다.

사람을 만나면 딱 맡은 일만 처리하고 눈길을 피하며 조용히 자리를 떠나곤 했다.

익숙한 환경에 안주하며 변화하는 인쇄 업계의 흐름을 눈으로만 지켜보았다.

그렇게 스스로 기회를 접고 있었다.

후회가 밀려왔다.

그때 용기 내어 움직였더라면 내 삶도, 일도 더 나아졌을 텐데 하는 아쉬움이 들었다.

하지만 후회와 아쉬움은 '내가 움직여야 길이 열린다'라는 것을 몸소 깨닫게 된 후 찾은 값진 교훈의 결과다.

이제부터는 후회와 아쉬움을 도전과 성취감으로 바꾸어 볼 것이다.

세 번째, 보람은 즐거움을 창조한다는 것이다.

생소하기만 했던 춤 공연을 하기로 한 것은 총회에서 회원들에게 색다른 즐거움을 주자는 순수한 마음에서였다.

무대에서 회원들이 감동하고 즐거워하는 모습을 보며 그동안 열심히 연습한 보람을 느꼈다.

내가 준비한 춤이 누군가에게 기쁨이 되고, 그 과정에서 나도 행복할 수 있었다.

결국, 누군가에게 도움이 되고자 하는 작은 마음과 행동은 나 자신이 더 큰 즐거움을 느끼는 주체가 되어 최고의 수혜자가 된다는 것을 깨달았다.

 난 다시 무대에 선다.
 이번에는 내 삶이라는 무대다.
 '난 내 삶의 진정한 지휘자가 되겠다.'
 이번 이벤트를 준비하면서 나는 지휘자가 된 느낌이었다.
 춤을 추면서 나의 표정과 동작을 스스로 지휘하고 있다는 생각이 들자, 무대 울렁증은 사라지고 그 자체를 즐길 수 있었다.

 예전 같으면 일이 들어오길 기다렸고, 거래처에 가서도 할 말 못 하고 눈치만 보다가 돌아오곤 했다.
 하지만 지금은 다르다.
 불안해도 한 번은 부딪쳐본다.
 내가 하고 싶은 일, 내가 원하는 방향을 정하고 움직인다.
 누가 정해주는 흐름이 아니라 이젠 내가 흐름을 만들어 가고 있다.
 난 '내 인생 첫 무대'를 통해 이제는 내 삶의 '지휘자'가 되었다.

바람아 불어라

'태극기가 바람에 펄럭입니다'
세 개의 깃발이 힘차게 펄럭인다.
가운데에는 태극기가, 왼쪽에는 새마을기, 오른쪽에는 경주시기가 나란히 펄럭이고 있다.
바람이 불자 각각의 깃발이 또렷하게 구분되며 자신의 존재를 드러낸다.
바람이 없을 때는 깃발들이 잠잠하게 내려와 있어, 무슨 깃발인지 잘 구별이 되지 않았다.
바람이 불어야만 깃발들이 자신의 존재를 드러낼 수 있듯이, 인생에서도 바람은 중요한 역할을 한다.
내 삶에도 늘 바람은 불어왔었다. 하지만 나는 그 바람을 외면하고 스스로를 표현하지 못한 때가 많았다.

처음에는 자신이 없어서 움직이지 않았고, 결국 아무런 행동도 하지 않는 사람이 되었다.

이제는 웬만한 바람이 불어도 나를 흔들지 못하는 상태가 되었다.

우리는 해야만 하는 일이라면 스스로 바람을 일으켜 움직인다.

하지만 불편하더라도 꼭 해야 하는 일이 아니라면 바람을 외면하면서 자주 뒤로 미루게 되고 나중에는 결국 하지 않게 되는 경우가 많다.

나는 지금까지 여러 사람 앞에 서 본 기억이 없다.

그럴 용기도, 자신도 없었다.

그런데 어느 날, 지인의 결혼식에 참석했는데 세상이 많이 달라졌다는 걸 느꼈다.

예전처럼 주례 선생님이 주관하는 것이 아니라, 양가 부모님이 직접 자녀에게 덕담하고, 하객들에게 감사 인사를 전했다.

그 순간, 난 긴장되고 커다란 걱정거리가 생겼다.

'나도 나중에 저 자리에 서야 하나?'

도저히 설 자신이 없었다.

딸은 아직 결혼 생각도 없는데, 나는 홀로 그날을 상상하며 온갖 걱정을 끌어안기 시작했다.

누구 하나 관심도 없는 미래의 축사 앞에서.

그때 처음으로 마음을 먹었다.

나도 한 번쯤 사람들 앞에 서보자고.

내 안에서 그런 작은 바람이 불기 시작했다.

며칠 뒤, 길을 걷는데 현수막이 눈에 들어왔다.

'앞에만 서면 머릿속이 하얗게 되나요?'

마치 내 마음을 본 것 같았다.

웃기기도 하고 놀랍기도 했다.

결국 나는 스피치 학원을 찾아갔다.

처음엔 모든 게 두려웠다.

'내가 왜 이 고생을 자청했을까?' 싶었다.

학원 4층까지 오르는 계단에서 몇 번이나 발길을 돌리고 싶었다.

그런데도 이상하게 몸은 계속 그곳으로 향했다.

말을 배우고, 목소리를 내고, 내 안의 이야기를 꺼내는 그 시간이 조금씩 나를 바꾸고 있었다.

어느 순간부터 나는 변하고 있었다.

예전엔 상상도 못 했던 일들을 하나씩 해내기 시작했다.

사람들 앞에 서서 발표하고, 강연하고, 진행도 맡아 보았다.

결혼식에서 덕담과 축사를 할 용기도 생겼다.

나는 늘 뒤에서 조용히 따라가는 사람이었다.

나를 표현하는 방법도 몰랐고, 표현하고 싶지도 않았다.

누군가가 짜 놓은 틀에 나를 끼워서 맞추며 조용히 살아왔다.

그런데 스피치를 배우면서, 처음으로 '나'를 꺼내기 시작했다.

그리고 그 말들은 자연스럽게 글로도 이어졌다.

글을 쓰며 내 마음을 정리했고, 표현하면서 위로도 받았다.

믿기 어려운 일이 일어났다.

공저이긴 하지만, 내 글이 책으로 출간된 것이다.

표지에 내 이름이 적혀 있고, 누군가 내 글을 읽고 있다는 사실만으로도 가슴이 뭉클했다.

책이 출간된 날의 흥분과 감동은 지금도 생생하다.

그리고 나는 알게 되었다.

이 모든 여정이 결국 나를 찾아가는 길이었다는 걸.

그 여정은 나만의 깃발을 찾아가는 과정이었다.
나의 깃발은 언제나 나 자신, 즉 태극기였다.
나는 언제나 가장 중심에 있었고, 가장 큰 의미를 지닌 존재였다.
하지만 오랫동안 나는 다른 사람들의 깃발만 바라보며 나 자신을 제대로 보지 못했다.
당당하고 자신감 있는 사람들만 부러워했다.
이제는 내가 중심임을 알았고, 나를 표현할 수 있는 당당한 자신감도 생겼다.
누군가는 내가 멋지고 부러웠다고 말했다.
그때 난 부끄러우면서도 유명한 작가라도 된 듯 나 자신이 멋지고 자랑스러웠다.
예전에는 술 마시는 술자리는 좋아했지만, 건배사 하는 술자리를 불편해 했는데 이제는 은근히 즐기고 있다.
여러 사람 앞에 설 때 느꼈던 불편함을 조금씩 사라지게 한 것처럼, 내 안에 남아있는 다른 불편함도 하나씩 극복해 나가야겠다.
더 늦기 전에.

이번 바람을 통해 부담되는 상황을 피해서 얻는 안도감보다 도전하고 나서 얻는 성취감이 훨씬 크다는 것을 알 수 있었다.

결국, 내 안의 바람이 내 삶을 변화시켰다.

바람은 내가 멈추지 않도록, 그리고 새로운 도전을 향해 나아가도록 하는 중요한 역할을 한다.

스스로 바람을 일으켜야 할 때도 있지만, 바람이 불어올 때 그 기회를 붙잡아야 한다.

건배사가 무서워 도망치던 내가 책까지 출간한 것처럼.

바람은 내 삶을 움직이게 하는 힘이다.

힘이 있어야만 나의 깃발이 힘차게 펄럭일 수 있다.

이젠 어떤 바람을 일게 할까?

바람아 힘차게 불어라~~

작은 선택들

청도 운림고택.

조선 중기부터 400여 년 동안 내시 가문이 대대로 살아온 고택이다.

흙과 돌로 쌓은 담장이 집을 둘러싸고 있고, 그 위에 얹힌 기와는 고풍스러운 분위기를 더해준다.

마당 한쪽엔 작은 연못이 있고, 그 둘레로는 돌을 층층이 쌓아 단단하게 받치고 있다.

그중 가장 인상 깊었던 건 담장 안쪽으로 흐르는 작은 수로였다.

잔잔한 물길은 마당 전체에 생기를 불어넣으며 고택의 운치를 한층 더해준다.

이렇게 크고 작은 돌들이 어우러져 담장과 연못, 수로를 이루며 고택이라는 하나의 완전한 공간을 이루고 있다.

운림고택을 다녀온 이후, 나는 문득 내 삶을 돌아보게 되었다.

지금 나는 어떤 돌들을 쌓고 있을까?

어떤 선택을 하며 지금의 나를 지어왔을까?

20대 그 시절 나는 하루하루를 별생각 없이 흘려보냈다.

놀기를 좋아했고, 계획보다는 즉흥적인 선택을 더 잘했다.

친구들과의 일상은 볼링장, 당구장, 술집에서 대부분의 시간을 보냈다.

그러던 어느 날 우연히 한 친구가 "등산이나 한번 해볼까?"라는 말이 나왔고, 그 작은 약속이 우리의 일상을 바꿔놓았다.

첫 산행 이후 우리는 산에 푹 빠졌다.

여름엔 무더위 속에 계곡을 만나 옷도 벗지 않은 채 물속에 뛰어들었고, 그 시원한 쾌감은 아직도 잊히지 않는다.

등산 중 숨이 턱까지 차오르던 순간을 견디며 정상에 올라 마신 차가운 물 한 모금과 절경은 그 모든 고생을 잊게 해주었다.

겨울 산 정상에서 찬 바람을 피해 마시는 따뜻한 커피는 그 자체로 낭만이었다.

그 시간은 지금도 내 마음 한편에 따뜻한 기억으로 고이 남아 있다.

이 모든 기억은 단 하나의 '작은 선택'에서 시작된 것이었다.

그때 등산을 약속하지 않았더라면 이 모든 것들을 간직할 수 없었다.

인생이란, 이렇게 작은 선택들이 쌓이며 만들어진다.

고택의 담장을 크고 반듯한 돌로만 쌓은 게 아니듯이 우리의 삶도 대단하고 특별한 결정만으로 이루어지는 것은 아니다.

작은 선택들.

그것들이 모여 결국 '나'라는 집을 지어간다.

운림 고택 마당을 걷다 보면 여기저기 작은 돌들이 놓여 있다.

겉으로 보기엔 작아 보이지만, 발끝으로 건드려 보면 꿈쩍도 하지 않는다.

알고 보면 땅속 깊이 박힌 바위다.

일을 하다 땅을 파보면, 작은 돌 같아 보여도 실제로는 크기를 가늠할 수 없을 만큼 큰 바위인 경우가 있다.

그때는 결국 그 자리를 포기해야 했다.

사람도 그렇다.

우리는 종종 상대를 겉모습만 보고 판단하고, 자신의 기준으로 그 사람의 크기를 정해버린다.

하지만 가까이서 시간을 두고 바라보면, 생각보다 깊고 단단한 내면을 지닌 사람일 때도 있다.

작은 돌처럼만 보였지만, 사실은 땅 깊이 뿌리내린 바위 같은 존재였다.

한때 나는 처음 만났을 때 사기꾼 같다고 느꼈던 사람과 함께 일하게 된 적이 있다.

그와 시간을 보내며, 주변 사람들의 태도와 분위기를 지켜보게 되었다.

조금씩 그를 다시 바라보게 되었고, 결국 나는 놀랐고, 미안해졌다.

그는 내가 생각했던 것보다 훨씬 바르고 진중한 사람이었다.

그 일을 계기로, 나는 사람을 쉽게 판단하지 않으려 노력한다.

삶의 순간들도 마찬가지다.

그저 스쳐 지나가는 순간이라 여겼던 일들이, 나중에 돌아보면 내 인생을 바꾼 중요한 선택이었음을 깨달을 때도 있다.

운림고택을 지탱하고 있는 수많은 돌처럼, 우리의 삶도 수많은 선택이 쌓여 이루어진다.

그 선택들은 모양도 다르고 크기도 제각각이다.

반듯한 돌도 있지만, 대개는 거칠고 불규칙하며, 때론 잘못 쌓여 무너지기도 한다.

하지만 다시 쌓고 다듬으며 조금씩 단단해진다.

이제 나는 매일의 선택을 조금 더 신중히, 그리고 존중하는 마음으로 바라보게 된다.

"지금의 이 선택이, 미래의 나에게 어떤 돌이 될까?"

이 질문은 내가 가볍게 행동하지 않도록 붙잡아 준다.

모든 순간을 무겁게 살 필요는 없다.

하지만 아무 생각 없이 흘려보내서도 안 된다.

오늘의 작은 선택 하나가, 언젠가 내 삶을 지탱할 단단한 주춧돌이 될지도 모르니까.

언젠가 완성될 나만의 고택.

그 집을 이루는 하나의 조각이 바로 오늘, 지금 이 순간이다.

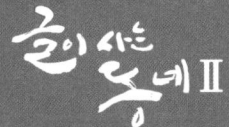

함박눈이 내렸어요.

결국, 칭찬이 답이다.
칭찬을 하면, 상대방을 기쁘게 할 뿐 아니라
나 자신을 긍정적인 에너지로 채워주는 힘이 생기기 때문에
내 안의 부정성이 사라지고 사람을 보는 시선이 따뜻해진다.
그래서 내가 먼저 행복해진다.
:
(중략)
:
힘겹기만 하던 엄마의 인생 문제지 위에도
작은 동그라미가 하나 둘 그려지기 시작했다.

(본문 중에서)

박은영

글쓰기에 비상등이 켜졌다.
엄마 말에는 관심이 없고,
자기 말만 하는
사춘기가 시작되었기 때문이다.
아이가 대답을 안 해주니,
엄마가 대답을 찾아야 했다.
아이의 이야기로 시작한 글은,
자연스럽게 엄마의 이야기로 이어져
이제는 엄마가
글의 주인공이 되었다.

|글 박은영
|그림 박시언

엄마표 김밥
시언이표 문어소시지 도시락
함박눈이 내렸어요.
태권소녀
엄마, 나도 잘하고 싶어.

엄마표 김밥

나는 요즘 주말마다 김밥을 싸고 있다.

김밥을 직접 싸는 일은 손이 많이 가고 힘들긴 하지만 아이가 좋아하고, 식재료를 골고루 먹일 수 있기 때문에 자꾸 싸게 된다. 무엇보다도 아이를 집에 두고 외출할 때 점심 도시락으로 김밥만 한 게 없다.

김밥을 이렇게 자주 싸다 보니 요령이 생겨 지금은 짧은 시간에 간단히 살 수 있게 되었다. 재료를 김과 밥 외에 스팸, 계란, 묵은지로 줄였다.

스팸 대신 먹다 남은 치킨을 넣으면 '치킨 김밥', 돈가스를 넣으면 '돈가스 김밥', 멸치를 넣으면 '멸치 김밥'이 된다. 질리지 않게 재료를 번갈아 가며 만들고, 밥도 고슬고슬 잘 지어서 더 얇게 펴는 등 엄마표 김밥은 나날이 진화하고 있다.

새끼 참새가 모이를 받아먹듯 아이에게 금방 만든 김밥을 먹이는 행복에 엄마는 힘든 줄도 모르고 새벽부터 김밥을 싼다.

내가 생각하는 엄마표 김밥은 사랑이다.

왜냐하면, 수고로움도 불사하고 아이를 위해 정성과 사랑을 듬뿍 담아 맞춤형 김밥을 직접 만들기 때문이다.

김밥은 아이가 좋아하는 식재료를 다양하게 넣어서 만들 수 있다. 식재료의 색감을 살려 밥과 함께 김에 돌돌 싸서 먹기 좋은 크기로 잘라 접시에 담아내면 엄마표 김밥이 완성된다. 아이에게 더 맛있고, 몸에도 좋고, 예쁜 김밥을 먹이고 싶은 엄마의 진심이 담겨 있다.

아이도 이런 엄마표 김밥을 좋아한다.

봄 소풍 때의 일이다.

아이는 엄마가 싸준 김밥 도시락을 하나도 안 먹고 그대로 가지고 왔다. 미안해하며 친구들이 싸 온 도시락을 나눠 먹었다고 했다.

"친구들은 눈알 붙인 '문어 소시지'도 싸 오고, 귀여운 '메추리알 병아리'도 싸오고, 리본을 묶은 포크로 도시락을 예쁘게 장식도 했더라."며 가을 소풍 때는 그런 특별한 도시락을 싸달라고 했다.

아이는 엄마표 김밥을 좋아하는데 왜 봄 소풍 때는 하나도 안 먹고 왔을까?
같은 사무실에 근무하는 아이를 키우는 직원들에게 물어보았다.
그 나이 때는 정성보다 보이는 모습이 더 중요할 때라며 저마다 소풍 도시락을 싼 이야기를 늘어놓았다.
SNS에서 본 특별한 소풍 도시락은 직접 만든 게 아니라 주문하는 그것으로 생각했는데 다들 직접 도시락을 싼 경험담을 이야기하는 바람에 깜짝 놀랐다.
그렇다면 내가 싼 엄마표 김밥만 정성과 사랑이 든 게 아니라는 이야기가 된다.
아이는 어린이집 다닐 때부터 친구들이 싸 오는 특별한 도시락에 관해서 이야기했다. 그때마다 정성이 든 엄마표 김밥을 강조하며 그 도시락은 엄마가 직접 싼 게 아니라고 말해줬다. 그때는 아이가 김밥을 다 먹고 오길래 대수롭지 않게 생각했다.

 엄마표 김밥은 정성을 듬뿍 쏟아 만들었기 때문에 무조건 아이가 좋아해야 한다고 생각했다. 그렇게 나만의 생각에 빠져 있었기에 아이가 소풍 도시락을 안 먹고 왔을 때 많이 놀라고 화가 났다.

 아이의 마음을 이해하기 위하여 봄 소풍 점심시간을 상상해 보았다.
 왁자지껄. 삼삼오오 둘러앉아 제각각 자기가 가져온 도시락을 꺼내어 뚜껑을 열었다. 친구들의 도시락에는 눈알 붙인 '문어 소시지'도 있고, 귀여운 '메추리알 병아리'도 있고, '소시지 하트 김밥', 동물 모양의 다양한 김밥과 주먹밥…… 그 현란함에 아이는 주눅이 들어 소고기를 많이 넣고 만든 엄마표 김밥 도시락의 뚜껑을 그만 닫아 버렸을 것이다.
 친구들이 나눠준 특별한 도시락을 같이 먹으면서 우리 엄마도 저런 멋진 도시락을 싸줬으면 좋겠다고 부러워하며 속이 상하지 않았을까?
 아이는 엄마표 김밥을 좋아한다. 싫어해서 봄 소풍 때 도시락을 안 먹은 것이 아니다. 친구들은 모두 봄 소풍이라는 특별한 이벤트에 맞는 특별한 준비물을 챙겨왔는데 눈치 없는 엄마는 그 특별함을 놓친 것이다.

김밥은 맞춤형으로 아이가 좋아하는 재료를 넣을 수 있는 장점이 있듯이, 엄마의 사랑도 맞춤형으로 때와 장소를 잘 따져 모양까지 아이가 좋아할 수 있게 살펴야 한다.

가을 소풍 때는 젊은 엄마들처럼 특별한 도시락을 직접 만들어 주고 싶은 마음에 SNS에서 예쁜 소풍 도시락을 찾아보았다. 저런 걸 어떻게 만들었나 싶을 정도로 예쁘고 깜찍한 도시락을 보며 엄마표 김밥 도시락 뚜껑을 덮은 아이의 마음을 이해하게 되었다.

눈알 붙인 '문어 소시지 도시락' 만들기에 도전해 보기 위해 마트에서 비엔나소시지와 치즈를 구입했다. 레시피대로 소시지의 끝부분을 6등분해서 2/3까지만 칼집을 냈다. 다음으로는 치즈와 검은깨를 이용해서 눈알과 입을 만들었다. 큰 빨대로 치즈를 콕 찍어서 눈을 만들고 검은깨를 한 알씩 붙여 눈알을 만든 후, 큰 빨대로 동그라미를 만들고 그 동그라미 안에 작은 빨대를 한 번 더 눌러 입 모양을 만들었다. 끓는 물에 1분 정도 소시지를 데쳐내니 진짜 문어처럼 다리가 휘어졌다. 만들어 놓은 눈과 입을 따뜻한 소시지에 붙였더니 귀여운 문어 소시지가 완성되었다. 아이는 좋아서 어쩔 줄 몰라 하는데, 시력이 나쁜 나는 문어 눈알과 입이 너무 작아서 만드는 과정이 정말 힘들었다. 아이의 도움이 없었다면 만들지도 못했을 것이다.

소풍 도시락은 문어 소시지 외에 몇 가지를 더 만들어서 예쁘게 꾸며야 하기 때문에 직접 만들기는 힘든 형편이다.

내가 이런 처지가 되고 보니 도시락을 직접 싸지 않아도 아이를 위한 마음을 담고 있다면 이 또한 사랑이라는 생각이 든다.

아이에게 엄마가 도시락을 직접 준비할 수 없는 이유를 설명하며, 가을 소풍 때는 주문한 특별한 도시락을 준비해 주겠다고 했더니 흔쾌히 좋다고 했다.

미리 도시락을 주문하고, 남편을 동원해서 새벽에 찾아오는 방법으로 소풍 이벤트 준비물을 챙겨 보려 한다.

아이의 마음을 미리 헤아려 소풍 이벤트에 딱 맞는 특별한 도시락을 어디에서 구입할 수 있는지, 요즘은 어떤 종류의 도시락을 아이들이 선호하는지, 우리 아이가 어떤 종류의 도시락을 원하는지, 언제 어디로 찾으러 가야 하는지 등 제대로 꼼꼼히 준비한다면 내가 직접 싼 김밥 이상의 사랑을 담았다고 할 수 있지 않을까?

아이가 원하는 것을 해주기 위해서 직접 도시락을 싸는 것 뿐만 아니라 주문한 특별한 도시락을 준비하는 수고로움도 모두 사랑이라고 생각을 바꾸기로 했다.

내 방식 내 생각만 고집하며 아이에게 강요하기보다는 아이의 입장이 되어 아이가 무엇을 원하는지를 먼저 생각해 보아야 한다.

왜냐하면, 도시락은 내가 준비하지만, 그 도시락을 먹는 사람은 내가 아니라 아이기 때문이다.

아이를 이해하고 소통하려면 대화를 많이 해야 한다.

아이가 원하는 소풍 도시락을 준비하려면 이야기를 귀담아 듣고, 아이가 경험한 소풍 도시락에 대하여 적극적으로 물어보고, 관련 자료도 찾아 보아야 아이가 무엇을 원하는지 제대로 알 수 있다.

그리고 젊은 엄마들을 자주 만나서 아이 키우는 이야기를 들어보아야 한다. 같은 사무실에 근무하는 엄마들에게 소풍 도시락에 관하여 물어보고 나서야 SNS에서나 보는 특별한 소풍 도시락을 직접 준비하는 젊은 엄마들이 많다는 사실을 알게 되었고 내가 무엇을 놓쳤는지도 알게 되었다.

　엄마표 김밥은 사랑이다. 젊은 엄마가 만든 특별한 도시락도 사랑이고, 아이를 기쁘게 하려고 소풍 도시락을 주문하는 엄마의 마음도 사랑이다.

　이제부터는 내가 직접 한 것만 사랑이라는 고정관념을 버리고 아이가 원하는 것을 찾아 맞춤형 사랑을 만들어 가려 한다.

2024. 6. 5.

시언이표 문어소시지 도시락

지난 봄 소풍 때 아이가 도시락을 하나도 안 먹고 가지고 왔다. 나는 그 충격적인 사건의 원인을 분석하고 반성하며 가을 소풍 도시락 준비에 대하여 많은 생각을 했다. 아이에게 소풍 도시락은 소풍이라는 특별한 이벤트를 즐기기 위한 중요한 소품인데, 눈치 없는 엄마가 맛과 영양만 강조하며 자기가 좋아하는 김밥 도시락을 매번 준비하는 바람에 이벤트를 망쳐 버린 것이다.

그래서 가을 소풍 때는 전문가가 만든 예쁜 도시락을 주문해야겠다고 생각했는데 아이가 도시락을 직접 싸보자고 했다. 재료 준비부터 만드는 과정까지 아이가 직접 하게 했다. 세 번이나 도시락 싸는 연습을 한 후, 소풍 전날 밤 시언이표 문어소시지 도시락을 완성했다. 뿌듯해하며 사진을 찍어 카톡의 프로필 사진으로 설정하며 좋아했다. 아이는 소풍가서 친구들에게 도시락을 직접 만들었다고 자랑하며 나눠먹었고 재밌다고 또 만들자고 했다.

아이는 왜 자신이 만든 문어소시지 도시락을 그토록 좋아하는 것일까?
아이는 스스로 창조자가 될 때 행복해진다.
자신이 주도해서 무엇을 만들어 내는 사람을 창조자라고 한다. 창조적으로 만들어 낸다는 것은 세상에 없는 나만의 특별한 것을 만드는 행위이다. 인간은 본질적으로 주도적인 존재이기 때문에 스스로 창조물을 만들어 냈을 때 성취감을 느끼게 되며 감동과 행복감으로 이어지게 된다.
아이는 문어소시지 도시락을 만드는 과정을 통하여 성취감을 느꼈기 때문에 재밌어하는 것이다.
문어소시지 도시락을 만들 때 소시지에 이쑤시개로 작은 구멍을 내고 검은깨를 한 톨씩 꽂아 눈을 만드는 과정이 힘든 작업임에도 불구하고 아이는 집중했고 끈기를 가지고 끝까지 해냈다. 산만하고 쉽게 지루해하는 아이에게 이런 고도의 집중력과 끈기가 있다는 사실을 이 작업을 통하여 알게 되었다.

아이는 자기 주도적인 행동에 따라 더 나은 결과물을 만들어 낼 수 있다는 사실을 경험을 통하여 깨달았기 때문에 힘들어도 참고 그 일을 계속할 수 있었다.

엄마는 김밥을 자주 싼다. 거의 매주 싸다 보니 지금은 다양한 재료를 넣어 만든 김밥을 짧은 시간에 예쁘게 쌀 수 있게 되었다.

엄마는 왜 김밥 이야기만 나오면 신이 나는 걸까? 그리고 왜 자꾸 김밥을 쌀까? 과연 그 이유가 아이가 잘 먹는다는 것뿐일까? 엄마도 아이가 문어소시지 도시락을 만드는 과정처럼, 더 예쁘고 더 맛있는 김밥을 싸기 위해 노력하면서 그 과정을 즐기고 있기 때문이다.

창조자는 문제를 호기심으로 바라보고 해결 과정을 즐기는 사람으로 같은 것을 보고 그 속에서 새로운 것을 발견하여 발전시키는 사람이다.

처음 문어소시지 도시락을 만들었을 때는 문어 다리가 삐뚤삐뚤 간격이 일정하지 못했지만, 반복 작업을 통하여 간격을 일정하게 자를 수 있게 되었고 소시지를 데쳐 온기가 있을 때 눈과 입의 치즈가 잘 붙는다는 노하우도 알게 되었다. 이렇듯 사람은 스스로 창조자가 되어 더 나은 성과물을 만들어 내는 과정에서 성취감을 느낀다.

  일상생활에서도 일을 주도적으로 할 때 훨씬 잘할 수 있고 만족감을 크게 느낄 수 있다. 주도한다는 것은 스스로 판단하고 결정하며 책임 또한 자신이 지는 것으로 자신의 존재감을 실제로 자각하게 되는 중요한 경험이 된다. 그러한 경험은 어떤 일을 할 때 계획을 미리 세우고 실천하게 한다. 계획의 실천은 시켜서 하는 일이 아니라 자신과의 약속을 지키는 일로 받아들여지기 때문에 적극적으로 할 수 있다.

  실천해 가는 과정에 칭찬을 잘 활용하면 큰 도움이 되는데, 남이 해 주는 칭찬보다 자신이 자신에게 하는 칭찬이 더 효과적이다. 계획을 실천한 날은 달력에 동그라미를 표시하거나 카톡 프로필에 숫자를 카운트하는 등 자기만의 특별한 의미를 만들며 성취감을 게임처럼 즐기다 보면 자기와의 약속을 계속 지키게 되고 결국 해낼 수 있게 된다.

  시언 : 선생님 저 책 100권 다 읽었어요.

원장님 : 그랬구나. 시언이 기분이 어때?

시언 : 좋아요.

원장님 : 그 기분 누가 만들었지?

시언 : 제가요.

아이는 독서 모임에서 독서기록장 100권 쓰기를 달성하고 원장님께 칭찬을 듣고 좋아했다.

아이에게 책 100권을 읽으라고 누가 시켰다면 과연 읽었을까?

물론 책을 많이 읽히기 위해 아이와 함께 도서관에 가서 책을 빌려 오고, 매달 한 번씩 독서 모임에도 데려가고, 책 읽으라는 잔소리를 하는 엄마의 노력이 있긴 하지만 책 읽는게 재미가 없어서 못 하겠다고 하면 그만이다.

아이는 책 읽기를 좋아한다. 전래동화를 즐겨 읽다가, 세계 명작동화에 푹 빠졌다가, 요즘은 추리소설 삼매경이다. 이렇게 폭을 넓혀 가며 책을 꾸준히 읽을 수 있는 것은 재밌으니까 가능한 것이다. 책 속의 주인공이 되어 주도적인 책 읽기를 하고 있기 때문이다. 독서기록장 100권 쓰기 달성은 자기 자신과의 약속을 달성한 것이라 더 뿌듯한 것이다. 원장님께서는 아이가 스스로 책을 읽으며 만들어 낸 성취감에 대하여 칭찬한 것이다.

아이는 창조의 과정을 반복하며 매 순간 행복한 아이가 된다.

2024. 10. 29.

함박눈이 내렸어요.

얼마 전 몽골 여행지에서의 일이다.

나는 아침, 저녁으로 여행용 가방 두 개를 펼쳐 놓고는 뒤섞인 옷가지들과 여행용품들을 헤집으며 남편과 아이 그리고 내가 갈아입을 옷과 세면도구 등을 챙기느라 많은 시간을 허비했고 급기야 같이 여행 간 큰이모네 가족들로부터 쓴소리를 들어야 했다.

"여행 가방은 각자 따로 싸고 각자가 관리하는 게 어때? 우리집은 그렇게 하는데……."

"시언이는 어려서 힘들어. 아직은 안돼. 시언이 아빠도 천성이 물건 챙기는 거 못하는 사람이야. 안돼."

"아니야. 시언이는 벌써 11살이야. 할 수 있어. 그리고 시언이 아빠는 여행 가방 쌀 때 네가 도와주면 돼. 날짜별로 입을 옷을 따로 챙겨 표시해 주면 되잖아."

큰이모의 충고가 솔직히 짜증이 났다. 우리집 사정을 제대로 알지도 못하면서 눈치를 주는 것 같아 섭섭했다.

그런데 시간이 갈수록 나와 여행 가방과의 전쟁은 더 치열해졌다. 세 사람의 여행용품을 같이 넣은 데다가, 간절기라서 여름옷과 겨울옷을 함께 준비하는 바람에 물건들이 마구 섞여 가방 안이 아수라장이 되어 버렸다. 물건을 찾느라 가방을 쌌다 풀기를 반복해야 했고, 아침마다 출발 시간에 쫓겨 허겁지겁 가방을 싸느라 챙겨간 물건들을 제대로 쓰지도 못했다.

사진을 예쁘게 찍으려고 준비해 간 선글라스도 제때 사용하지 못했고, 현지 음식이 입에 맞지 않을까 봐 준비해 간 볶음김치와 고추장도 꺼내놓지 않아서 향이 강하고 느끼한 고기 위주의 식사를 참고 먹어야 했다.

시간이 갈수록 큰이모의 충고가 옳다는 생각이 들었고 다음 여행 때는 여행 가방을 각자 나눠 싸야겠다고 다짐하게 되었다. 어쩌면 아이와 남편이 잘할 수 있는데도 내가 다 떠맡아 이 고생을 한 건 아닌가 하는 생각이 들었다.

아이는 수학 과목을 싫어한다.

수학은 어려운 데다가 숙제가 많다. 거기다가 학원 선생님이 엄해서 숙제를 안 하거나 문제를 많이 틀리면 눈물이 날 정도로 혼을 낸다.

점점 더 수학에 흥미를 잃어 가던 어느 날, 아이가 동그라미가 가득 그려진 수학 문제지를 펼쳐 보이며 함박눈이 내렸다고 자랑하며 뿌듯했다.

잘했다고 칭찬을 해줬더니 좋아하며, 문제를 많이 틀린 페이지를 찾아 장대비가 내렸다며 개구쟁이처럼 웃었다.

그때부터 아이와 엄마의 함박눈 놀이가 시작되었다.

승부욕이 강한 아이는 매일 저녁 함박눈을 기대하며 수학 문제를 꾸준히 풀게 되었고 엄마는 문제지 위의 동그라미를 확인하며 깨알 칭찬으로 아이를 응원하고 있다.

몽골 여행의 여행 가방 사건도, 아이의 수학 숙제처럼 칭찬의 방법으로 풀어내면 된다는 것을 깨달았다.

칭찬은 인정, 관심, 기대라는 마음을 담고 있다. 이는 내적 동기 부여의 강력한 힘을 가지고 있어서 누가 시켜서 하는 것이 아니라 스스로 하고 싶은 마음이 생긴다.

또, 누구든 칭찬을 들으면 기분이 좋아진다. 내가 한 행동을 상대방이 소중히 여긴다고 느끼기 때문에 긍정적인 신뢰 관계가 형성되기 때문이다.

　엄마가 시키는데도 아이가 왜 정리 정돈을 안 하는지, 남편이 가사일을 적극적으로 도와주지 않는지, 상대방의 입장이 되어 생각해 보았다.
　나는 칭찬 짠순이다. 칭찬에는 인색하면서 이것저것 요구 사항이 많은 사람이다. 입버릇처럼 아이에게 정리 정돈하라는 잔소리를 하고, 남편보다 내가 가사일을 더 많이 하는 것이 억울해서 자주 힘들다고 투덜거린다. 그러면서도 아이와 남편이 미덥지 않아서 내가 그 일을 혼자서 다 하고 있다.
　기껏 해줘도 완성도가 떨어진다며 자꾸 투덜거린다. 해 줘도 불만이고 안 해 줘도 불만이다 보니 그냥 안 하는 것이다.

　농사일하던 친정엄마는 가사 일의 일부를 일찌감치 아이들에게 가르쳤다. 나는 초등학교 5학년 때부터 전기밥솥으로 밥을 지었고 얼마 지나지 않아 달콤한 칭찬에 신이 나서 반찬도 직접 만들게 되었다. 그렇게 매일 저녁 식사 당번이 되어 엄마를 도왔다.

두 살 아래 여동생도 매일 저녁 방 청소를 하며 일손을 거들었다. 그때는 힘들었지만, 그런 경험이 나를 자립적인 존재로 성장시켰다고 생각한다.

부모의 역할이 얼마나 중요한지 다시금 깨닫는다.

일상생활에 필요한 것들을 스스로 할 수 있게 가르쳐 놓지 않으면 결국 미래의 내 아이가 힘들어질 수밖에 없다.

친정엄마처럼 달콤한 칭찬의 묘약으로 아이와 남편이 제 풀에 춤을 추게 하려고 유년 시절을 회상해 보았다.

엄마는 내가 한 밥이 되거나 질어도 혼내지 않고 잘했다고 칭찬해 주었고 밥물을 어떻게 맞추는지 여러 번 반복해서 가르쳐 주었다. "오늘은 우리 딸이 꼬들꼬들한 고두밥을 지었네. 괜찮아. 괜찮아. 잘했어. 손 펴봐. 밥물을 부을 때 이렇게 손등 위에 이만큼 물을 맞추면 돼. 알겠지."

엄마의 칭찬은 고두밥을 지어놓고 안절부절못하던 어린 나에게 서투른 것은 꾸중 들을 일이 아니라 배워서 다시 하면 된다는 것을 알게 해주었고, 밥을 잘해서 엄마를 기쁘게 해주고 싶은 마음이 생기게 했다. 몇 번의 실패 끝에 밥을 진짜 잘하게 되었고 그 뿌듯함으로 밥하는 일이 즐거워졌다.

엄마는 밥을 잘 지으려고 노력하는 나의 마음을 칭찬한

것이다. 결과보다 노력을 칭찬했기 때문에 밥을 진짜 잘하고 싶은 자기 동기가 생긴 것이다.

결국, 칭찬이 답이다.
칭찬을 하면, 상대방을 기쁘게 할 뿐 아니라 나 자신을 긍정적인 에너지로 채워주는 힘이 생기기 때문에 내 안의 부정성이 사라지고 사람을 보는 시선이 따뜻해진다. 그래서 내가 먼저 행복해진다.
아이와 남편 또한 칭찬의 긍정적인 에너지로 인하여 행동이 바뀌게 되고, 행동이 바뀌면 나의 잔소리가 줄어들게 된다.

아이와 나는 더 많이 행복해지기 위해서 칭찬릴레이 게임을 하고 있다.
"와우~ 독서기록장에 또박또박 글씨를 예쁘게 적었네. 책도 많이 읽었고. 우리 시언이 잘했다."
저녁밥을 먹던 아이가 한껏 기분이 좋아져서 "엄마. 엄마. 나는 우리 엄마가 만든 소고기 초밥이 제일 맛있어. 깍두기랑 같이 먹으면 환상적이야."

힘겹기만 하던 엄마의 인생 문제지 위에도 작은 동그라미가 하나 둘 그려지기 시작했다.

2024. 10. 11.

태권소녀

아이는 태권도를 좋아한다. 태권도 학원을 다람쥐 제집 드나들듯이 하루에도 몇 번씩 들락거린다. 마치 태권도 학원 원장실이 자기 방인 것처럼 무거운 책가방을 보관하고는 학원 갈 때 필요한 도구만 챙겨 가고 숙제도 거기서 하곤 한다. 원장님과 사범님을 좋아하고, 인근 "국가대표 태권도 학원" 이야기만 나오면 싸울 듯이 적의를 표한다. 자신이 다니는 태권도 학원에 충성을 맹세하며 죽을 때까지 그 학원에 다니겠다고도 한다.

어쩔 수 없이 학원을 여러 곳 보내야 하는 워킹맘인 나로서는 아이가 태권도 학원을 저토록 좋아하니 너무도 감사한 일이다.

아이에게 태권도 학원은 둥지이다.

어깨에 큰 책가방을 메고 학교에서 학원으로 그리고 또 다른 학원으로 오후 내내 시간에 쫓기며 옮겨 다녀야 하는 아이에게 태권도 학원은 우리 집 내 방처럼 마음 편히 쉴 수 있는 공간이기 때문이다.

나에게도 아이의 태권도 학원처럼 마음이 편안해지는 글쓰기반이라는 둥지가 있다. 그런데 지금은 아쉽게도 둥지의 기능을 상실해 버렸다.

아이가 숙제에 짓눌려 학원 가는 것을 힘들어 하는 것처럼 나도 글쓰기가 버거운 숙제가 되어 학원가는 걸음이 무겁기만 하다. 거기다가 수업 시간에 써 놓은 글이 없어서 피드백을 못 받은 날은 한심한 마음에 우울해진다.

왜 글쓰기 수업이 둥지의 기능을 상실했는지 생각해 보았다.

나는 특별히 글을 잘 쓰거나 글을 꼭 써 보고 싶어서 글쓰기를 시작한 것이 아니라 아이를 잘 키울 목적으로 육아에 대한 글을 쓰고 있다. 글 쓰는 과정은 힘들었지만, 육아에 큰 도움이 되었고 그로 인한 보람도 컸다. 그런데 아이가 사춘기에 입문하기 시작하면서 소통에 변화가 생겨 나의 글쓰기 또한 변화가 불가피한 데다가, 원장님의 글쓰기 수업 패턴의 변화로 방향을 잃고 망망대해에서 좌초된 난파선이 되어 버렸다. 변화가 필요한데 예전에 하던 대로 하고 있어서 겪고 있는 고초다.

새로운 글쓰기 방법은 쓰고 싶은 글의 전체 내용을 통찰하는 밑그림을 그린 후에 글쓰기를 시작해야 한다. 그렇게 하려면 새로운 글을 시작할 때 상당한 집중력을 요하며 시간 확보가 필수이다.

나는 주말마다 바쁜 일이 생기고 평일은 직장 일과 육아를 병행하느라 글쓰기가 쉽지 않은 형편이다. 그러다 보니, 글쓰기가 숙제가 되어 무거운 짐을 등에 지고 있는 것처럼 늘 지치고 피곤하다.

어떻게 하면 다시 글쓰기가 좋아질까?

아이는 화랑대기 태권도 대회의 종목을 선택할 때 '품새'는 외워야 해서 어렵다며 쉬운 '스피드 발차기'를 선택했다. 그 단순한 발차기 연습을 하기 위하여 한 달 내내 매일 한 시간씩 보충수업을 빠지지 않고 다녔다. 그러고는 참가자 모두에게 주어지는 금메달과 상장을 받아 들고는 너무도 뿌듯해했다. 내년에도 '스피드 발차기' 대회에 또 도전해 보고 싶다고 했다.

아이는 행사 참가 자체를 즐긴 것이다. 그래서 그런지 힘들다는 소리 대신 연습 기간 내내 재밌다며 신이 나서 더 열심히 태권도 학원을 제 집처럼 드나들었다.

글쓰기를 처음 시작할 때는 힘들어도 내가 글을 쓴다는 그 자체가 뿌듯하고 즐거웠다. 그런데 지금은 글을 더 빨리 더 잘 쓰고 싶다는 욕심이 생겨 버려 시험을 앞둔 수험생처럼 시간에 쫓기는 신세가 되어 버렸다.

나는 퇴직할 때까지 글쓰기를 꾸준히 하면서 실력을 쌓은 후, 내 책을 한 권 출간하겠다는 계획을 세우고 있다. 그런데 갑자기 시력이 많이 떨어지면서 실력을 쌓을 시간을 도둑맞아 버려 마음이 급해진 것이다.

같이 공부하는 다른 선생님의 글을 보며 내 글과 비교하고는 자책하고 부끄러워 한다. 그리고 내가 써 놓은 글이 마음에 들지 않아서 자꾸만 쓰다 지우기를 반복하다가 결국 포기하고 화만 내고 있다.

글이 안 써지니까 숙제 안 한 아이처럼 학원 가는 게 싫어지고 글쓰기반이 나를 밀어내는 것도 아닌데 괜히 주눅이 들어서 고슴도치가 되어 버린 것이다.

아이가 태권도를 놀이처럼 즐기는 것처럼 나도 욕심내지 말고 꾸준히 글을 쓰면 좋을 텐데 시간이 없다고 생각하니 욕심만 앞선다. 아이가 화랑대기 태권도 대회에 나갈 때 재밌고 쉬운 '스피드 발차기'를 선택해서 대회 출전 자체를 즐긴 것처럼 나의 글쓰기도 빨리 잘하고 싶은 욕심을 버리고 과정을 즐겨야 한다.

글쓰기반의 수업 속도에 휘둘리지 말고 나만의 속도를 내가 정하고 내 보폭대로 꾸준히 걸어가야 끝까지 갈 수 있다. 같이 공부하는 선생님들과 나는 출발선도 다르고 속도도 달라서 결승점 도착 시간이 다를 수밖에 없다.

나는 매일 계단을 오른다.

처음에는 숨을 헐떡이며 25층까지 오르는데 세 번을 나누어 쉬어가며 겨우 올랐다. 하지만 포기하지 않고 계속 오르다 보니 차츰차츰 다리에 힘이 생겨 쉬지 않고 한꺼번에 오를 수 있게 되었고 얼마 전부터는 한 번에 두 계단 오르기에 도전하며 그 뿌듯함을 즐기고 있다.

누군가가 얼마만큼을 어떤 속도로 오르라고 정해 주었다면 얼마 못 하고 포기했을 텐데 내가 스스로 정한 기준이기 때문에 강약을 조절하며 포기하지 않고 계속할 수 있는 것이다.

나빠지는 시력을 내가 어떻게 할 수도 없고 그로 인해 집중력이 떨어지는 것 또한 어떻게 할 방법이 없다. 그냥 하는 데까지 해 보는 것이 답이다.

원장님의 글쓰기 수업 패턴 변화에 따른 글쓰기의 어려움도 산 중턱에서 길을 잃었다고 그 자리에 마냥 앉아 있을 순없지 않은가? '도'가 되든 '개'가 되든 윷가락을 던져봐야 한다. 움직여야 길을 찾을 수 있기 때문이다.

그렇게 조금씩이라도 글을 써야 이 우울함에서 벗어날 수 있고 학원으로 가는 발걸음이 가벼

워진다. 아이가 스스로 태권도 학원에 마음을 두고 둥지를 틀었듯이 나도 나의 마음을 다스려 둥지로 찾아들어야 아이처럼 즐겁게 배움을 이어갈 수 있다.

2025. 1. 13.

엄마, 나도 잘하고 싶어.

아이의 영어, 수학학원에서 번갈아 가며 지각을 알려 오고 숙제를 안 해 온다고 연락이 왔다. 저녁에 숙제를 좀 시켜보려고 해도 아이는 "알겠다."고 말만 하고 내내 종알대며 딴전을 피우거나 그림을 그리며 놀다가 그냥 잔다. 겨울방학이 시작되고 아이가 집에 혼자 있는 시간이 길어지면서 상황이 더 나빠졌다. 결국 2년 가까이 다니던 수학학원을 끊고 과외로 옮겨야 했다.

아이가 영어학원은 괜찮다고 했는데 며칠째 지각을 했다. 학원 가는 시간을 휴대폰 알람으로 설정해 놨는데도 번번이 제시간에 학원에 가지 않았고 그로 인하여 엄마를 분노하게 했다. 처음에는 감정을 추스르기도 힘들 정도로 화가 나서 영어학원을 당장 끊고 수학처럼 과외를 시켜야 하나 고민했다. 영어는 어떻게든 달래서 계속 가르쳐야 한다는 강박관념으로 아이를 다그쳤다. 그런데 갑자기 얼마 전 수학학원 다니는 문제로 아이가 "엄마. 나도 잘하고 싶어."라고 하며 하염없이 울던 일이 떠올랐다.

"잘하고 싶은데 잘 안 된다."며 자기도 속상하다고 했다.

"다른 친구들은 다 잘하는데 자기만 못하는 것 같다."고도 했다. 아니 그냥 알람이 울리면 학원에 가면 되고 숙제 해놓고 놀면 되는데 왜 그게 안 된다는 건지 답답하기만 했다. 그런데 문득 아이가 사춘기가 시작되어 마음의 성장통을 겪고 있는 것 같다는 생각이 들었다.

사춘기를 인정하고 나니 학원에서 선생님들에게 공부 못한다고 매일 혼이 나고, 집에 와서도 숙제 안 한다고 엄마한테 또 들볶이는 아이가 불쌍하다는 생각이 들었다.

나는 내 아이가 행복했으면 좋겠다. 그래서 생각을 바꾸어 방학 동안만 영어학원을 끊고 매일 책을 한 권씩 읽자고 제안했고 아이가 흔쾌히 그렇게 하자고 했다. 손가락까지 걸어 약속하고 나니 그제야 아이의 얼굴이 환하게 밝아졌다. "엄마 고마워. 사랑해."라고 속삭이며 품에 안겼다.

후끈후끈 열이 나고 덥다. 다들 춥다는데 나만 더워서 사무실 냉난방기 온도를 자꾸만 내린다. 몸만 더운 게 아니라 울컥울컥 화가 치밀어 감정조절이 안 되는 날이 많다. 이 모두가 갱년기 증상이다. 나는 일렁이는 감정의 바다를 열심히 노 저어 건너는 중이다. 사무실 일이 너무 바빠 징징거릴 틈도 없고, 아이도 사춘기라서 까칠한 데다가, 방학이라 점심 도시락으로 김밥까지 싸느라 몸이 두 개라도 모자랄 판이다.

몇 년째 갱년기라는 놈이 딱 달라붙어 같이 좀 놀자고 몸속에 큰 불덩이를 이리저리 굴리지만 너무 바빠 응대를 제때 안 했더니 이놈도 지쳤는지 요즘은 좀 잠잠해졌다.

아이가 숙제도 안 하고 학원도 제때 안 가서 이야기를 좀 해보려고 했는데 눈이 마주치자, 눈물부터 글썽거린다. 내가 뭐랬다고 저러나 모르겠다. 어떻게 하면 밝게 웃는 예쁜 내 딸로 바꾸어 놓을 수 있을까?

얼마 전 화랑대기 태권도 대회의 스피드 발차기 연습할 때 아이는 진짜 행복해 보였다. 얼마 지나지도 않았는데 왜 이렇게 달라졌냐고 아이에게 물었더니 자기가 좋아서 하는 일은 즐겁다고 했다. 영어도 배워야 하고 수학도 배워야 하는데 어떻게 좋아하는 일만 하고 살 수 있단 말인가?

 사춘기와 갱년기는 마음이 성숙해 가는 과정으로 증상이 비슷하다. 그래서 내가 겪고 있는 갱년기에 비추어 아이의 사춘기를 이해해 보려고 한다.
 먼저, 마음을 표현하자면 우울하고 귀찮고 자꾸 짜증이 난다. 내가 화를 낼 타이밍이 아닌데도 버럭 화를 내고 만다. 내가 상냥하게 웃어주면 아이도 웃는데 그게 잘 안된다.
 아이는 요즘 들어 감정의 변화가 심해졌다. 엄마와의 전화 수다가 짧아졌고 자기가 좋아하는 것만 하려고 한다. 말꼬리를 잡고는 자기주장을 길게 늘어놓으며 설명하려고 하고 내가 한마디 하면 아이는 열 마디를 한다. 아이를 집에 혼자 두는 게 마음에 걸려 같이 외출하자고 하면 단호하게 거절하고는 혼자 있는 시간을 즐긴다.

 외모가 바뀐다. 몇 년 사이에 나는 폭삭 늙어 버렸다. 얼굴에는 살이 빠지고 허리춤의 살은 자꾸만 늘어간다. 이제는 아무리 예쁜 새 옷을 사 입고 멋을 내봐도 그냥 중년의 아줌마다. 그럼에도 불구하고 나는 또 옷 가게를 기웃거린다.

아이는 키가 작아 늘 걱정이었는데 최근에 많이 큰 것 같다. 옷들이 작아져서 새 옷으로 몇 벌 사줬더니 아침마다 신이 나서 패션 감각을 살려 코디를 하는데 제법 잘한다. "예쁘냐?", "귀엽냐?"는 질문을 자주 하며 예뻐지고 싶어 한다.

아이는 아직도 아기처럼 목욕하기 전에 알몸으로 마구 돌아다닌다. 심지어는 아빠가 있어도 부끄럽다고 호들갑만 떨 뿐 그냥 다닌다.

나의 건강 상태는 엉망이다. 피곤을 친구처럼 끼고 살고 있다. 매일 아침 여기저기에 좋다는 영양제를 한 뭉치씩 먹으며 건강을 기원하지만 노화 현상 때문인지 초저녁에는 쓰나미처럼 피곤이 몰려와 저녁밥 숟가락을 놓자마자, 소파에 기절해 버리곤 한다.

아이는 체력이 팔팔하다. 태권도 학원을 꾸준히 다니고 있어서 그런지 잔병치레를 적게 하고 언제나 에너지가 넘친다. 밤에 잠도 안 자고 놀고 싶어 하고 음악만 나오면 신이 나서 몸을 흔들어 대며 노래를 따라 부른다.

아이가 겪고 있는 사춘기와 엄마의 갱년기가 비슷하다고

생각했는데 갈팡질팡하는 마음만 비슷할 뿐 외모와 체력은 정반대인 것을 알게 되었다. 그리고 외모와 체력으로 인하여 마음에 영향을 미쳤다는 것 또한 알 수 있었다.

엄마의 갱년기 증상은 초기에 비해 많이 안정되어 가고 있다. 육아와 직장이라는 큰 산을 쉼 없이 오르내리느라 무뎌진 데다가, 글을 쓰면서 내 마음을 들여다본 것이 도움이 되었다.

아이가 학원에 지각을 자주 하고 숙제도 안하고는 하염없이 울면서 "엄마, 나도 잘하고 싶어."라고 하는 바람에 사춘기라고 지레 겁을 먹었는데 글을 쓰다 보니 아직은 심각 수준이 아니고 살짝 발을 들여놓았다는 것을 알게 되었다. 여러 가지 정황으로 보아 사춘기 입문 조짐이 보이긴 하지만 진짜 사춘기의 열병을 앓고 있다면 신체적 변화에 관심이 많아지면서 성적인 부끄러움을 느끼게 되는 나이이다.

그런데 아빠 앞에서 알몸으로 돌아다니는 아이의 행동이 수상해서 집중하여 관찰했더니 아니나 다를까 휴대폰이라는 강적이 숨어 있었다. 아빠가 쓰고 버린 옛날 휴대폰을 충전해서 매일 몰래 게임을 하느라 학원 시간도 놓치고 숙제도 안 한 것이다. 엄마가 자주 사춘기 타령을 하니까 눈물 연기까지 하며 사춘기 흉내를 낸 것이다.

아이는 영악하다. 하마터면 사기극에 속을 뻔했다. 사춘기와 관련된 책을 두 권이나 샀다. 사춘기를 제대로 알고 아이와 정면 대결하기 위해서이다.

우리집에는 사춘기를 시작하는 딸과 갱년기를 겪고 있는 엄마가 있다.

사춘기와 갱년기가 싸우면 누가 이길까?

싸움은 이미 시작되었다. 사춘기, 만만치 않은 적수이다.

손자병법에 "적을 알고 나를 알면 백번 싸워도 위태롭지 않다."라는 말이 있다.

아직은 시간이 있다. 체력을 키우며 사춘기에 대해서 제대로 공부한 후, 아이를 관찰하며 때를 엿봐야 한다.

"갱년기 아자아자 화이팅~~~."

2025. 1. 31.

글이 사는 동네 II

가족

가족은 바다 위에 떠있는 작은 배와 같다.
날씨가 좋으면 순조롭게 항해를 할 수가 있고,
날씨가 좋지 않은 날이면 파도가 요동쳐
배의 항해를 막는 날도 있다.

(본문 중에서)

이세형

내 삶의 아름다운 시간과
가장 소중한 추억들을
글로 표현하고 싶습니다.

아직 서툰 글이지만
매일 다듬어 쓰다 보면
언제가는 좋은 글이
찾아올 것입니다.

이세형

가족
시간 도둑을 잡아라
청개구리 아들

가족

지구상에 대략 82억의 인구가 살고 있다. 많은 사람들 속에서 유일하게 한 사람과 인연이 되어 결혼해서 자녀들 낳고 가족으로 살아간다. 가족은 부모, 부부, 자녀로 묶인 작은 공동체라 할 수 있다.

결혼해서 가족을 이루기 전에는 혼자서 모든 일들을 결정해 왔다. 그때는 홀가분하기도 했지만 한편 결정에 대한 확신이 없어 걱정과 불안이 있었다.
어찌 보면 인간은 혼자 결정하면서 외롭게 살아가는 것을 싫어하고 무서워하는 존재가 아닌가 싶다. 그래서 지구상의 모든 생물체들은 짝을 이루며 살아가는 것일까?

나는 우여곡절 끝에 결혼을 할 수 있었다. 가족은 나에게 든든한 힘이 되어 주고 있다. 인생을 살아가면서 지치고 고난이 왔을 때 마음 깊은 곳에서 다시 일어서게 할 수 있는 에너지와 용기를 불어 넣어 준다. 삶의 목적이 생기고 힘들어도 의지하며 멀고도 먼 길을 웃으면서 함께 나아 갈 수 있다.

하지만 가족을 이루는 과정이 행복한 순간만 있었던 건 아니었다. 새로운 생명의 탄생에는 많은 생사의 위험과 인내의 고통이 따랐다.

결혼 후, 첫째 딸은 자연분만으로 출산하였지만 분만 후 지혈이 되지 않았다. 급하게 수혈을 해야 했지만 산부인과 병원에 혈액이 없어 긴급히 다른 병원에서 공급받아 와야만 했다.

시간은 속절없이 지나가고 있고 집사람의 안색은 자꾸만 창백하게 변해가는 모습을 보면서 불현듯 위험해질 수 있다는 생각이 스쳤다. 혈액이 빨리 도착하기만을 간절히 기도했다.

담당 의사는 4시간 뒤 지혈을 위해서 다시 재봉합 수술을 했고 3시간이 지난 뒤 혈액을 공급받아 간신히 위험에서 벗어 날 수 있었다. 그때 집사람은 모든 것을 내려놓은 심정이였다고 한다.

둘째 아들은 순조롭게 순산하였다. 하지만 출산 후 집사람은 아이 둘을 키워야 한다는 부담감과 불안한 마음을 이기지 못해 우울증까지 생겼다. 하루하루 자신과의 힘든 싸움 속에서 보냈다. 6개월의 긴 시간 동안 각고의 노력 끝에 어둠 속에서 헤쳐 나올 수 있었다.

이후 아이들이 성장하면서 부모의 역할이 더 무거워지는 것을 느끼게 되었다. 어릴 때는 그냥 아프지 않게 돌보고 맛있는 음식을 많이 사주고 남들처럼 유치원, 학원, 학교생활에 적응할 수 있도록 지켜보면서 도와주면 되었다.

하지만 사춘기 바람이 불면 상황은 만만치 않게 변한다. 이때는 자녀의 생각을 전혀 이해하지 못하는 경우가 많다. 부모와 말하는 자체를 거부한다. 이때 인생에서 잠시나마 성불(成佛)의 체험을 했다. 대학을 진학하기 위한 과정도 힘이 든다. 자녀의 장래를 걱정하고 적성과 성적을 맞추다 보면 부모와 마찰을 일으키는 경우가 많다. 이와 같이 바람 잘 날 없이 늘 수많은 일들을 맞닥뜨리며 살아가는 게 가족의 현실이다.

돌아가신 부모님의 말씀이 생각난다. "애 셋을 낳아 봐야 부모 심정을 헤아릴 수 있다"고 했다. 부모는 자식들에게 아름드리나무가 되어 비바람이 불 때에는 비바람을 막아주고 더운 날이면 그늘을 만들어 시원하게 쉴 수 있도록 하며, 아프지 않고 잘 클 수 있도록 지켜보고 격려해 준다. 마지막 생이 다하는 날까지 자식들을 위해서 헌신하고 잘 되기를 바라면서 살아간다.

가족은 바다 위에 떠있는 작은 배와 같다. 날씨가 좋으면 순조롭게 항해를 할 수가 있고, 날씨가 좋지 않은 날이면 파도가 요동쳐 배의 항해를 막는 날도 있다. 이것이 가족의 삶이 아닌가 싶다.

얼마 전 넷플릭스에서 '폭싹 속았수다'를 시청했다. 가족에 대한 사랑과 헌신이 고스란히 담겨 있는 드라마였다. 드라마를 보면서 나는 가족들을 위해서 얼마나 많은 헌신과 사랑을 해 왔는지 되묻게 되었다.

지난날 나는 직장 상사에게 꾸지람을 듣거나 일이 풀리지 않으면 집에 돌아와 짜증과 화를 내는 적이 많았다. 그때 너무 자기중심적이고 이기적이어서 아내에게 일방적으로 몰아붙이는 경향이 많았고 배려심이 부족했다는 생각이 든다.

또 딸 아이에게는 미성숙한 아빠의 사랑 때문에 마음 한구석에 응어리를 남기기도 했다. 어린 시절, 딸 아이가 잘못했을때와 동생이 잘못했을 때 나는 딸 에게 더 야단을 쳤다. 동생과 다르게 대하는 것을 보면서 자기만 미워한다는 생각을 갖게되었다. 고지식하게 남자와 여자에 대한 잠재된 선입견이 강하게 자리 잡고 있었던 게 아닌가 싶다. 지금은 동생보다 누나의 권위와 자존감을 세워 주고 칭찬도 많이 해준다. 긍정적인 말도 자주 해주면서 노력하고 있다.

딸은 아빠를 제일 많이 닮는다고 했다. 평소 딸 아이와 함께 엘리베이터를 탈 때면 거울에 비친 모습을 보면서 웃는다. 똑같이 동그란 얼굴에 눈매와 웃는 모습이 너무 닮아서 부정할 수 없다고 고개를 끄덕인다. 간혹 딸 아이는 집에서 웃긴춤을 보여주면서 분위기를 살려준다. 이 모습도 나의 막춤을 복사한게 아닌가 싶다.

과거 나의 이해심 부족과 잘못된 편견으로 차별을 만든 것을 떨쳐버리고 새롭게 가족들을 위해서 헌신하며 살아가려고 한다.

우선 가족의 가장으로서 건강한 삶을 가꾸기 위해서는 어떤 마음가짐으로 실천해야 할까

첫째, 몸이 건강해야 가족들을 지킬 수가 있다. 몸에 맞지 않는 해로운 술, 담배를 멀리해야 한다. 음식도 매우 중요하다. 건강한 식재료를 선택해서 골고루 영양소를 보충하는 것이 필요하다. 다음으로 일정한 운동량을 꾸준히 지켜가는 습관을 길러야 할 것이다. 50대 이후부터는 몸에서 근육이 빠져나가는 현상이 두드러지고 뼈도 약해진다.

둘째, 가장 중요한 것은 정신적으로 건강해야 한다. 생존

연령이 길어지면서 알츠하이머, 치매 등 뇌질환이 늘고 있기 때문이다. 자기 자신이 누군지 모르고 가족들과 일상 대화도 할 수 없다. 자신의 삶을 기억할 수 없는 상태가 되기 때문에 제일 무서운 질병이 아닌가 싶다. 현대의학으로는 고칠 수가 없고 다만 속도를 늦추는 방법밖에 없는 상황이다.

예방적 차원에서 지속적으로 책을 읽고 글쓰기를 꾸준히 하는 것이 좋다. 이전에 읽은 책 중에 '독서의 뇌과학'을 쓴 가와시마 류타박사는 2분 동안 책을 소리 내어 꾸준히 읽으면 상당히 인지 능력이 향상된다고 했다. 단 몇 분 만이라도 투자하면 어떨까 싶다.

셋째, 화목한 가정을 이루기 위해서 내가 무엇을 지키고 나갈 것인가를 생각하고 실천하는 것이다. 먼저 진실한 마음으로 가족들을 보살피는 의무를 잃지 말아야 한다. 과도한 욕심을 버리고 자기 자신에게 맞는 위치를 살피며 그릇된 방향으로 나가지 말고 옳은 길을 찾아 행하는 것만이 화목한 가정을 지킬 수 있다. 근면하고 성실하게 살아가는것이 행복한 가족으로 살아가는 밑거름이 아닌가 싶다.

옛날부터 가정이 화목하고 평온하면 모든 일이 잘 풀리고 복이 들어온다고 했다. 가화만사성과 만사형통의 가훈이 떠오른다. 오늘도 힘든 일들의 연속이지만 소중한 가족을 생각하며 행복하고 재밌게 살려고 한다. 밤하늘에 빛나는 수천 개의 별들이 우리 집을 향해서 반짝반짝 빛나는 에너지를 듬뿍 보내주고 있다.

시간 도둑을 잡아라

문득 이런 생각이 들었다.
태양과 지구와의 거리는 약 1억 5천만km이다. 태양빛이 지구에 도달하는 데 약 8분이 걸린다.
빛은 1초에 지구를 7바퀴를 도는 속도이다.

우리 은하수 은하계에는 1,000억 개 이상 별들과 행성들이 있다 그중에 지구라는 행성은 빅뱅이 발생되면서 성간 사이에서 수많은 물질들이 합쳐져 약 45억 년 전에 태어났다.
수많은 시간이 흐르고 흘러 지구의 표면은 70%가 바닷물로 채워지고, 30%의 육지가 생겼다.

최초의 인류의 시작은 약 250만 년 전 오스트랄로피테쿠스로부터 시작되었다.

수많은 시간이 흐르고 있는 시점에 시간을 소중히 여기지 않는 사람들이 있다.

하루는 24시간이다. 보통 잠자는 시간은 사람마다 다르지만, 나를 기준으로 한다면 7시간이다. 잠자는 시간을 제외한다면 17시간이 남는다. 식사하는 3시간(아침, 점심, 저녁), 근무하는 시간 8시간을 빼면, 6시간의 여유가 생긴다. 하루 6시간 동안 난 무엇을 하고 살아왔는가 되묻고 싶어진다.

지금까지의 생활방식을 살펴보면, 제일 먼저 아침에 눈을 뜨면 스마트폰으로 해외 주식거래창을 들여다본다. 해외 주식은 2018년부터 시작하여 7~8년 정도 계속하고 있는 상태이다.

해외 주식 거래는 오후 5시부터 다음날 오전 7시까지 이루어진다.

국내 주식의 등락폭은 30% 내외이지만, 해외 주식은 상승 폭이 100~400%까지 오를 수 있어 서학개미(해외투자자)들이 많이 생겨났다. 나도 그런 사람 중에 한 사람이다.

해외 주식에 발을 들여놓다 보니 자동적으로 아침 6시 30분에 일어나서 30분 정도 주식시장을 살핀다. 해당 종목의 뉴스와 댓글을 읽다 보면 시간이 훅 지나간다.

갖고 있는 종목이 손실을 봤을 때는 하루 종일 주식창에 집착하여 시간을 보낸다.

퇴근 후 집에 돌아와서는 저녁식사를 하면서 사무실의 일들을 잊어버리기 위해 무작정 넷플릭스에 접속하여 입소문이 난 드라마, 영화, 예능 등에 몰입하기 시작한다.

다양한 프로그램이 많다 보니 자연스럽게 시간 가는 줄 모른다. 보통 드라마 시리즈는 12부작이나 16부작이다. 아내와 함께 2회 정도는 연속으로 보기가 일쑤다.

여기에 스트레스를 풀며 재미를 느끼다 보니 나도 모르게 중독되어 헤어나지를 못하고 있다.

처음 볼 때는 이 시리즈가 끝나면 다음부터는 무조건 보지 말자고 다짐을 하지만, 하루 이틀만 지나면 나도 모르게 TV 리모컨으로 넷플릭스 신작 시리즈를 틀어 본다.

이렇게 수많은 시간들을 너무 허무하게 보냈구나 하는 생각에 후회와 아쉬움이 파도처럼 밀려온다.

지금까지 해외 주식을 하면서 이익보다 금전적으로 손실을 보았다.
손실 본 돈만 하여도 자동차 한 대는 충분히 살수 있을 만큼이고 생활에도 여유롭게 보탬을 줄 수 있는 자금이다. 헛된 욕심에 눈이 멀어 시간과 재산을 소진했다.

저녁에는 넷플릭스를 보면서 하루 동안 쌓인 스트레스를 풀었지만, 뒤돌아보면 머릿속에 쓸모없는 잔상들만 가득 차 있다. 어떤 날은 좋지 않은 잔상들로 인해 충분한 수면을 취하지 못했다.

하루 일들을 정리해 보고 성찰할 수 있는 시간과 지친 육체를 풀고 맑은 정신으로 새로운 계획들을 구상할 수 있는 시간들을 오히려 놓쳐 버렸다.

앞으로도 나 자신이 변하지 않는다면 금전손실은 더 크게 불어 날 것이며, 희망과 발전 없이 깊은 수렁에 빠져 헤어나지 못할 것이다. 수렁에 빠진 모습은 상상조차 하기 싫고 받아들이기는 더 힘들다.

진정 바라는 것은 소탈하고 성실하게 살아가면서 부족하지만 그 속에서 행복을 느끼며 만족하는 것이다. 더불어 이웃을 위해 봉사하며 힘이 되어 줄 수 있는 사람이 되고 싶다.

지나간 시간을 후회해 봤자 떠나간 버스는 돌아오지 않고, 흘러간 시냇물은 다시 되돌릴 수가 없듯이 빼앗긴 시간은 되찾을 수 없다.

이제부터 소중한 시간을 허비하지 않기 위해 내실 있는 시간으로 채워 가보고자 한다.

아침에 기상하면 주식동향을 살피던 30분을 책 읽는 시간으로 바꾼다.

책 속에는 재밌는 이야기와 정보들이 담겨 있어 지식을 확장시켜 준다. 얼마 전 유홍준 작가가 쓴 '아는 만큼 보인다'라는 책을 읽고 불국사에 축대를 짜는 공법이 그랭이 공법이란 것을 처음 알게 되었다.

그랭이 공법은 축대나 성곽 등의 건물 기초 부분에 적용된다. 불국사 경내 축대는 마치 톱니바퀴처럼 자연석과 인공석이 맞물려 있다 보니 큰 흔들림 없이 견고하게 버텨 낼 수 있다. 내진설계까지 고려되었다는 점에 놀라울 따름이다. 과거 선현들의 뛰어난 지혜를 다시 엿볼 수 있고 현대 과학기술도 함께 적용되었다는 것을 깨닫게 되었다.

책을 통해 얻을 수 있는 것이 이뿐이겠는가. 다양한 책들을 읽다 보면 생각을 더 많이 확장 할 수 있고 깊게 이해할 수 있다. 기본 지식도 많이 쌓을 수 있고, 대인관계나 일상생활을 하는데 여러 가지 도움이 될 것이다.

아침 30분의 자투리 시간이 쌓이다 보면 일주일이면 3시간 이상 책을 읽을 수 있는 시간이된다. 한 달이면 200페이지 정도의 책 두세 권 읽을 수 있다. 1년이면 책 30권 이상 거뜬히 볼 수도 있을 것이다.

저녁시간에는 무엇으로 채워 나갈 것인가, 하루 일과 이후 제일 많이 남는 시간이 저녁이다. 3시간 정도면 많은 것을 할 수 있다. 운동, 취미활동, 공부 등 다양하게 찾을 수 있을 것이다. 최근 들어 말글반에서 글쓰기에 도전하고 있다.

매주 금요일 7시부터 10시까지 3시간 동안은 글 쓰는 일에 집중하고 있다. 아직 문장력이 부족하지만 배워 가는 중이다. 아무래도 한 곳에 신경을 쏟다 보니 집중력이 높아지고, 많은 생각을 하게 된다. 유일하게 이 시간은 나 자신과 대화가 시작되는 것 같다.

글을 쓰는 과정이 지나간 나의 삶을 되돌아보는 좋은 기회가 아닌가 싶다. 성찰을 통해 내가 원하는 삶의 방향을 제시해 줄 것이다. 내가 쓴 글을 통하여 힘들고 지쳐 있을 때 마음의 위안이 되어 주지 않을까 싶다.

퇴근 후에는 일상생활에서 받은 느낌과 감정들을 글의 소재로 삼아, 어떻게 쓸까 생각하며 나만의 글이 사는 동네를 만들어 보아야겠다.

늦은 감이 있지만 나이가 들수록 시간은 타들어가는 촛불의 심지처럼 소중하다는 것을 깨달았다. 젊을 때는 언제까지나 젊음이 유지되는 줄 알았다. 어느덧 50 중년을 넘다 보니, 신체의 모든 것이 변하고 있다. 기억력도 떨어지고 몸에 근육도 서서히 빠져나간다.

거리에 떨어진 낙엽들이 바람에 이리저리 처량하게 뒹굴고 있는 모습이 나를 보는 듯하다.

지금에 와서 후회해 봤자 지나간 시간을 되돌릴 수는 없다. 누가 타임머신이라도 만들어 주었으면 좋겠지만 그것은 오직 유일무이한 신만이 할 수 있을 것이다.

이제부터 소중한 시간들을 무엇으로 채워 나갈 것인가 생각해서 미리 대비해야 한다. 시간은 우리가 필요할 때까지 기다려 주지 않는다. 지금 이 순간도 시간은 그냥 흘러갈 뿐이다.

사예즉립(事豫則立)처럼 모든 일을 미리 계획해서 준비하면 순조롭게 일들이 진행되며 나에게 주어진 시간들을 아끼고 절약할 수 있다. 시간 도둑은 내 삶의 생활방식을 어떻게 바꾸고, 어떻게 행동할 것인가에 대한 실천 의지에 따라 잡힐 수 있다.

청개구리 아들

2023년 7월 11일 화요일 이날은 아들이 군에 입대하는 날이다.

아직 어둠이 그치지 않은 새벽 4시에 일어나 분주하게 움직였다. 아들의 짧게 깎은 머리를 보니 왠지 모를 감정이 솟아 오른다.

서둘러 입영 준비물을 하나하나 챙겨 아파트 지하실에 주차한 차에 담담히 올라 집을 나섰다.

고요한 아침에 아파트 주차장을 빠져나오니 바깥세상은 어둠이 내려앉아 잠을 자고 있었다. 밤하늘에 빛나는 별들만 떠나는 차를 보는 것 같았다.

 잠을 깰 겸 차창을 내리는데 불어오는 바람 소리가 애절하게 들린다. 뒷좌석에 앉은 아들은 눈을 감은 채 이어폰으로 음악을 들으며 못내 아쉬운 마음을 다스리고 있다.

 경주를 벗어나기 전 아들에게 어둠이 깔린 시가지의 모습을 보라고 이야기하며, 그동안 20년 동안 젊은 청춘이 함께 머물던 곳이라며 회상의 시간을 주었다.
 차는 톨게이트를 지나 빠르게 고속도로로 질주하며 네비게이션이 가리키는 방향으로 힘차게 달려간다.

 차 안에서 침묵은 계속 이어지고 아들의 불안한 마음을 다스려 주기 위해, 군 경험자로서 사전의 경험들을 설명해 준다. 첫째, 군에서는 눈치가 빨라야 한다. 둘째, 고문관이 되어서는 안된다. 셋째, 동작도 남보다 빠르고 요령껏 잘해야 한다.

 차는 어둠 속을 뚫고 지나간다. 어느새 밝은 빛이 주변의 어둠을 서서히 물러 나게 하며 운전하기가 수월해졌다. 아침 6시쯤을 지나니 고속도로에는 어디로 가는지 많은 승용

차와 화물차들이 차선을 사이에 두고 질주하고 있다.

잠시 옛날 군대 입대하기 전 내가 좋아했던 김광석의 '이등병의 편지' 노래 가사가 머리 위로 스쳐 지나간다. 집 떠나와 열차타고 훈련소로 가는 날 부모님께 큰절하고,,,,,
지금 생각해도 애절하다. 경부고속도로에서 상주고속도로로 이어지다 어느새 중앙고속도로에 합류하여 달렸다.

적막한 감정이 흐르는 가운데 중앙고속도로를 지나니 하늘에서 세차게 비를 뿌리기 시작했다. 많은 비가 차창을 두드리고 윈도 브로시는 쉴 새 없이 빗물을 닦아 낸다.
떨어진 빗물들이 모여 도로를 따라 내려간다.

화장실도 가고, 잠시 다리와 몸도 풀겸 춘천휴게소에 들렀다. 그때까지도 아들은 말이 없다. 얼굴빛에서 초조함과 긴장하는 모습이 엿보였다. 고속도로에서 빠져나와 화천군으로 가는 국도로 접어들었다. 배에서 꼬르륵 하고 점심 먹을 시간이 가까워지고 있음을 알려 왔다. 그때 도로 옆 추어탕을 하는 식당이 눈에 들어왔다. 초행길이라 맛집을 알 수 없어 그냥 여기에서 점심을 먹고 가자고 했다. 추어탕을 주문했는데 얼큰한 맛은 없었지만 먹을만했다. 시래깃국 같은 맛이 나며, 국물이 붉게 보였다. 고추를 찍어 먹기 위해 된장을 보니 색깔이 경상도와 완전히 달랐다.

황토색이 아니라 검은색이라서 놀랬다. 중국집에서 찍어 먹는 춘장하고 똑같았다.

허기진 배를 채우고 식당 밖으로 나와 아내와 함께 농촌의 전경을 바라보았다.

아들은 떨어진 곳에서 담배 한 대를 피우며, 휴대폰으로 친구들과 이야기를 하고 있었다.

우리는 조금이라도 함께하고 싶어서 화천군 소재지에 있는 커피숍에 들러 아들과 함께 사회에서의 마지막 차 한 잔을 마시면서 아프지 말고 건강하게 잘 지내라 당부하였다.

시간에 맞추어 입영 훈련소에 도착하니 군부대에서 장병들이 나와 코로나 유행으로 입교식은 취소되었고, 부모들은 차에서 내릴 수 없으며 입영대상자만 드라이버 스루로 내려 주고 빠져 나가라고 했다. 어쩔 수 없이 차에서 배웅하고 입영소로 들어가는 아들의 뒷모습을 보니 울컥하는 감정에 눈시울이 젖었다. 차를 몰고 내려오는 길은 올라갈 때 꾹

닫혀 있던 아들의 입이 내 마음이 되어 무겁기만 하였다. 같은 날 7사단 신병교육대대에 입대시킨 부모들의 마음 또한 나와 똑같을 것이다.

입교 후, 신병교육훈련이 시작되었고 한 주 한 주 훈련을 잘 받고 있어 안심이 되었다. 훈련 마지막 주에는 제일 힘든 화생방 훈련과 20km 행군이 남아있어 신경이 쓰였다. 아들은 고1학년 때 농구를 하다가 친구와 부딪치는 바람에 오른쪽 발목의 인대를 다쳐 1년 동안 고생을 많이 했기에, 항상 발목이 걱정되었다.

어느덧 무사히 6주 훈련이 지나갔다. 이제는 자대 배치를 잘 받아야 한다.

후방으로 배치받을 수 있을까 기대하며, 여러모로 지인들을 통해 알아봤는데, 요즘 세상은 전산으로 하기 때문에 밝고 투명하여 청탁도 어렵다고 했다.

강원도 7사단에서 신병교육을 마치면 최전방 전선에 GP(최전방 감시초소), GOP(철책선 경계), 보병, 운전병, 수색대대 등의 보직을 받아 복무를 하게 된다고 하였다. 나는 전방에서 빠져 후방으로 가길 원하며 매일매일 간절히 기도했다.

마침내 2023년 8월 16일 신병교육 수료식이 있는 날이었다. 아내와 함께 전날부터 음식을 준비하여 아침 4시경에 출발했다. 아들을 본다는 마음이 앞서 왠지 기분이 들뜨고 좋았다. 화천군으로 가는 시간이 길게 느껴지는 것이 아니라 짧게 느껴졌다.

9시 40분쯤 화천군 화천체육관에 도착하니, 체육관 주변에는 전국의 부모들이 아들을 보기 위해 타고온 차들로 빽빽하게 줄지어 있었고, 상승 부대의 군인들도 앞에서 교통정리를 한다고 분주 하였다. 간신히 주차하고 체육관으로 들어갔다.

이제 곧 아들을 볼 수 있다는 설렘에 행복감이 넘쳐났다. 집사람은 체육관 입구에 눈길을 떼지 않고 있었다. 드디어 사회자가 식순을 간략하게 소개하였다. 사회자의 진행 순서에 따라 훈련병들이 입장하고 부모들은 "와~" 함성과 함께 박수로 따뜻하게 맞이하여 주었다.

입장하는 신병들 사이에 아들의 모습이 확 들어왔고, 아들도 우리를 보자마자 환하게 웃어 보이다가 금방 굳은 표정으로 전방을 향하여 꼿꼿하게 차렷 자세를 취했다.

부대장의 인사말과 함께 수료식을 모두 마치고 부모들과 상봉하는 순간이었다. 자리에서 일어나 아들에게 종종걸음으로 다가가 얼싸안아보았다. 그동안 못 본 사이에 좀 더 늠름하게 느껴졌다. 아들도 웃음꽃이 피고 있었고, 군복 바지에서 우리에게 주려고 PX에 산 달팽이크림 2통을 꺼내어 보여주었다.

순간 나는 웃음이 나왔다. 요즘 아주머니들 사이에서 인기 있는 화장품 크림이었다. 아들은 자기가 받은 보직은 운전병이라 후반기 교육을 받고 자대에 간다고 했다. 나와 아내는 운전병으로 빠져 정말 다행이다고 좋아했다.

아들도 운전병으로 빠진 것을 좋아하는 모습이었다. 화천체육관에서 동기들과 사진도 찍고 가족사진을 찍은 후 수료식 현장을 빠져나왔다.

신병교육훈련 수료식이 마치면 하루 8시간의 외출이 주어지기에 우리는 미리 예약해 둔 화천 별빛정원펜션으로 바로 이동을 했다.

화천 별빛정원펜션은 신병교육대대와 많이 떨어져 있지 않고 조용한 곳이다. 앞에는 북한강이 유유히 흐르고 있어 가족들끼리 시간을 보낼 수 있는 좋은 장소였다. 숙소에서 짐을 풀고 준비한 오리고기와 삼겹살을 굽기 시작했다. 아들은 갑자기 피자가 먹고 싶다 하여 화천군 시내까지 피자집을 찾아가 피자 한 판을 사가지고 펜션으로 왔다.

펜션에는 신병 교육생들과 가족들로 붐볐다. 곳곳에서 고기 굽는 냄새가 가득하였고, 모두 다 즐겁게 함박웃음을 피우며 음식을 먹는데 열중하였다.

점심이 끝나고 숙소 내 침대에서 아들의 얼굴을 자세히 들여다보며, 그동안 지냈던 일들과 훈련이 힘들지 않았는지 여러 가지 질문을 했다. 한 두 시간이 지나고 나니 아들은 금세 말이 없어지기 시작했다. 저녁 7시까지 다시 복귀를 해야 하기에 심란하고 불편하지 않았나 싶었다.

아들에게 걱정하지 말고 이제부터 후반기 수송교육부대에서 운전교육만 잘 받으면 된다고 이야기했다. 아들은 친구가 전방에서 GP 근무를 하고 있어 그 친구에게 연락도 자주 하는 모양이었다. GP 근무를 서면 일반병 보다 한 달에 휴가가 3일 정도 더 생겨 좋고, 고참들도 자질구레한 심부름을 시키지 않고 터치도 하지 않는다고 하였다.

우리는 짧은 시간이었지만 아들을 볼 수 있어 행복했고, 특히 운전병으로 보직을 받아 GP, GOP 근무를 하지 않아 다행이라고 감사하게 생각했다.

아들은 5주 동안 운전병 교육을 받으러 수송교육부대에 내려갔다. 한주 정도 지나니 재밌게 잘 지내고 있다고 카톡이 왔다. 그런데 2주째 접어들었을 때 아들이 점심을 먹고 오다가 비가 온 물웅덩이에 오른쪽 발목을 접혀, 반깁스하게 되었다.

아들은 다친 사실도 제대로 밝히지 않고 무조건 운전병이 싫다며 짜증을 냈다. 다친 발목이 나으려면 한주 이상 걸려 동기보다 늦게 수료하고 자대 배치도 늦게 된다고 하였다.

 발목을 치료하고 한주 늦게 수료하면 안 되겠냐고 얘기했지만 아들은 막무가내로 싫다고 했다. 바로 퇴소해서 일주일 뒤 전방으로 자대 배치를 받는게 좋다고 고집을 부렸다. 황소고집을 꺾을 수 없어 어쩔 수 없이 본인이 하는 대로 내버려두었다.

 일주일 뒤 전방 제22보병사단으로 자대 배치를 받게 되었다. 최전방에서 GP, GOP 근무를 서기 때문에 우리는 걱정과 불안이 가득했다. 어떻게 아들은 그 좋은 운전병 보직을 버리고 고생을 자처하는지 도무지 납득할 수 없었다.

 제22보병사단 배치 일주일 전 아들에게 카톡으로 GP, GOP, 보병, 수색대대 중 보병을 지원하라고 신신당부했다. 아들은 보병보다 근무조건도 좋고 휴가도 한 달에 3일 더 받기 때문에 GP나 GOP를 하겠다고 했다. 또 할 수 없구나 포기를 했다.

일주일 뒤 아들은 수색대대에 보직을 받았다고 말했다. 나와 아내는 뭔가 착오가 있는 게 아닌가 싶었다.

수색대대의 임무는 군사분계선을 경계로 DMZ 내 순찰과 작전을 수행한다. DMZ 내에는 지뢰가 묻혀 있어, 언제든지 사람이 다칠 수 있기 때문에 위험 천만한 곳이다.

왜 수색대대를 받았는지 물어보았다. 아들은 자기도 모른다고 했다.
수색대대는 아무나 갈수 없고, 본인이 지원하지 않으면 못 간다고 들었는데 무슨 상황인지 이해가 되지 않았다.

며칠 뒤 아들은 자신이 지원했다는 사실을 털어놓았다. 설마 수색대대가 될 줄 몰랐다고 했다.

우리는 하도 어이가 없어 말이 나오지 않았다, 그 좋은 운전병을 놔두고 자진해서 수색대대에 들어 가다니, 부모의 마음을 전혀 이해해 주지 못하니, 답답할 노릇이었다.

 집사람과 나는 이 상황을 받아들일 수 없어, 어떻게든지 다른 쪽으로 돌려보려고 2~3주 동안 아는 사람을 통해 알아보았으나, 힘이 미치지 못했다.

 한 달이 지나고 우리는 포기하기로 했다. 부모가 생각하는 방향과 반대로 가는 아들이 꼭 청개구리 같아 그냥 웃음이 나왔다.

 아들을 생각하니 부전자전으로 나도 청개구리 아빠인가 싶다.
 30년 전 결혼할 당시 양가 부모님의 반대를 무릅쓰고 결혼식장에 부모님을 모시지 못한 채 아내와 도둑 결혼을 했다. 그때는 철없이 서로 좋아했고, 사회에서 보는 시각에 전혀 상관하지 않았다. 나의 생각이 옳으면, 바뀌지 않았기 때문이다.

 지금은 가족들과 함께 재밌게 살고 있지만, 돌이켜 보면 철없고 무모한 행동이 아닌가 싶어 아내에게 미안하다. 결혼해서 호강시켜준다고 했지만 아직까지 호강 한번 제대로 못해주고 있어 거짓말쟁이가 되어 버렸다.

아들은 왜 반대로 갈까 생각을 해보니 의협심이나 고집이 너무 강해서가 아닐까 싶다. 초등학교 때까지는 몰랐는데 중학교 때부터 고등학교까지 어울리지 못하는 친구들에게 먼저 다가가 말도 붙여 주고, 남보다 앞서서 행동하는 편이 많았고, 사교성이 넘쳤다. 특히 친구의 말이 더 중하여 부모의 말은 신경을 쓰지 않고 근성으로 밀어 붙이는 일이 많았다.

지금 아들은 수색대대에서 보통 일주일에 2~3번 작전을 나간다. 늘 불안속에서 다음날 카톡 문자만 오기를 기다리고 있다. 근래 들어 북한이 9.19 남북 군사 합의 전면 파기를 선언하였고 비무장지대 내 GP(감시초소)를 복원하고 중화기 등 병력과 장비를 다시 투입하고 있다.

우리 정부도 맞대응 차원에서 GP도 복원하고 대북방송으로 북한을 자극하며, 긴장 상태를 강하게 부추기는 상황으로 전개되고 있어, 지켜보는 부모 입장으로서 애간장이 타들어 갔다.

매일 뉴스에서 북한의 미사일 발사와 오물 풍선 등 소식이 전해질 때마다 가슴이 철렁 내려 앉는다. 지금 대한민국의 국군장병의 모든 부모들은 항상 마음 졸이며 하루하루 무사히 제대하기를 손꼽아 기다린다.

나라를 지키는 국군장병들이 있기에 대한민국의 국민들과 사랑하는 형제들이 평화롭게 살아 갈 수 있으며 자유를 만끽하며 행복을 누릴 수 있다. 북한과의 어려운 상황에서도 불철주야 고생하는 모든 장병들에게 다시 한번 감사드린다.

오늘도 최전방 경계부대에서 고생하는 청개구리 아들에게 멀리 떨어져 있지만, 몸조심하고, 고맙고, 사랑한다는 말을 전한다.

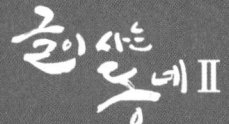

꽃이 진다고 그대를 잊은 적 없다

세상의 모든 꽃은 화사한 빛깔로 피어나고,
다시 꽃잎을 떨구며 사라진다.
하지만 꽃잎의 아름다운 희생으로
탐스런 열매와 새로운 씨앗의 탄생이라는
행복을 선물 받는다.
모감주나무가 자신이 해야 할 몫을
묵묵히 지켜낼 수 있었던 것은,
어린 가지에도 분명 새 생명이
숨 쉬고 있다는 사실을 알기 때문이다.

(본문 중에서)

백현순

나를 위한
여백의 시간이 필요했다.
그래서 시작한 글쓰기 도전~
그것은 탁월한 선택이었고,
내면의 나를 깨우는 순간이었다.
그 속에서 지금껏 보지못한
어제의 내가 오늘의 나와 손잡고
내일의 나를
이끄는 모습을 보았다.
그렇게
또다른 세상의 문이 열렸다.

백현순

꽃이 진다고 그대를 잊은 적 없다
꿈은 답이 아니라 질문이다
마음도 저축할 수 있으면 좋겠다
슬럼프에서 살아남기
젖은 낙엽족의 삶

꽃이 진다고 그대를 잊은 적 없다

새벽 운동 가는 길~

길가에 쭉 뻗은 가로수가 뿌리째 뽑혀있다. 그늘을 만들어주고 초록의 싱그러움을 안겨주던 모감주나무다. 이제는 말라붙은 잎사귀만 몇 가닥 겨우 남아 있고 뿌리는 곳곳이 잘린 채로 흙더미에 싸여있다. 행인들이 불편할까 봐 귀퉁이에 치워놓은 모습이 너무도 처량하고 애처롭다.

어쩜 주인에게 버림받아 갈 곳을 잃은 강아지 같다.

모감주나무는 봄이면 샛노랗게 꽃이 피는데 꽃말은 '자유로운 마음'이다. 불교의 금욕주의와 관련이 있으며, 자기 수양과 내적 자유를 상징하는 의미를 갖고 있다. 가을이 익어가면 복주머니처럼 열매가 조롱조롱 달리는 게 신기하고 예쁘다. 그 열매로 스님들 염주를 만든다고 해서 '염주나무'로 불리기도 한다.

또한 모감주나무는 항염증, 항균, 항산화 작용을 통해 염증 완화, 세균감염 예방, 세포손상 방지 및 만성질환 예방에 유익한 약리적 효능을 가지고 있다. 하지만 이제는 수십 년간 조경수로서 제 몫을 다했는지 어디론가 실려 가는 신세가 되고 말았다.

여고 시절 전남 고흥이 고향인 친구가 있었다. 항상 활짝 웃는 얼굴에 몸매까지 예쁜 친구였다. 그 친구가 난 무척 부러웠다. 머나먼 광주까지 유학을 왔으니, 자취생활은 당연했다. 어린 나이지만 부모님 곁을 떠나서 혼자 밥해 먹고 빨래하고, 학교생활까지 무엇이든 척척 잘 해냈다. 공부도 제법 잘했는데 특히 세계 역사에 관심이 많았다. 가끔 친구들을 자취방으로 초대해서 함께 놀기도 했다. 그 집은 대문을 열고 모퉁이를 돌면 바로 부엌이 나오는데, 그 친구는 맨 먼저 연탄불부터 확인했다. 그러고는 뚝딱 라면을 맛깔스럽게 끓여왔다. 소풍 가기 전날에는 반친구 여럿이 모여서 김밥을 싸기도 했는데 나의 김밥 옆구리 터지는 솜씨에 함박 웃음꽃이 피어났다. 집을 떠나본 적 없는 나에게는 이 모든 것들이 신기하고 재밌는 소꿉장난 같았다. 조그맣고 동그란 밥상, 앉은뱅이 책상, 벽에 걸린 가지런한 사진들까지 모든 것이 인형 놀이처럼 여겨졌다. 한겨울 오손도손 골방에 둘러앉아 고구마를 먹으며 선생님 흉을 보는 재미는 일품이었다.

어느 봄날, 그 친구 생일을 맞아 우리 집으로 초대한 적이 있었다. 그때 엄마가 해준 잡채와 미역국이 진~짜로 맛있다며 재잘대던 친구, 진로 문제로 고민이 많았던 그 친구는 봄볕이 따스하니 쑥을 캐러 나가자고 제안했다. 곧바로 서로의 눈빛은 통했고 뒤뜰에 있는 대나무 바구니를 옆구리에 끼고 나섰다. 기다란 논둑을 따라 새순이 돋아나는 봄쑥을 보면서 웃고, 바구니에서 몰래 쑥을 훔치며 웃고, 벌렁 넘어져 흙범벅이 되어도 마냥 웃었다. 그때 둘의 마음은 파란 하늘에 피어나는 뭉게구름처럼 순수했고, 깃털처럼 가벼웠다. 지금도 새순이 돋아나는 봄이 찾아오면 그 친구의 맑은 웃음소리가 쑥 향처럼 번져온다.

그런데 학교를 졸업한 지 1년쯤 지난 어느 초겨울날~

다른 친구한테서 다급하게 연락이 왔다. 고흥 친구가 혼수상태라는 것이다. 당장 병원으로 가봐야 한다고 했다. 원인은 연탄가스 중독이었다. '아뿔싸~ 어쩌다 이런 일이' 그때 그 시절에는 흔하게 일어나는 일이었지만, 이런 일이 내친구에게 닥칠 줄은 몰랐다. 오랫동안 친구는 깨어나지 못했다. 밤새워 기도하고 소원을 빌어도 좋은 소식은 전해오지 않았다. 세상에 기적 같은 것은 존재하지 않았다. 신은 그 어디에도 없었다. 그 해 '첫눈이 오면 꼭 만나자' 약속했던 나의 친구는 그렇게 세상을 떠났다. 한마디 작별 인사도 없이, 차가운 얼음꽃이 되어 내 곁에서, 친구들 곁에서, 영영 사라져 버렸다.

모감주나무가 꽃을 피운 뒤에 황금빛 꽃비를 내리듯이, 친구들의 눈물 젖은 이별비를 맞으며 홀연히 먼 곳으로 떠나갔다.

세상의 모든 꽃은 화사한 빛깔로 피어나고, 다시 꽃잎을 떨구며 사라진다. 하지만 꽃잎의 아름다운 희생으로 탐스런 열매와 새로운 씨앗의 탄생이라는 행복을 선물 받는다. 모감주나무가 자신이 해야 할 몫을 묵묵히 지켜낼 수 있었던 것은, 어린가지에도 분명 새 생명이 숨 쉬고 있다는 사실을 알기 때문이다. 비록 때가 되면 사라지는 운명이지만, 어린 씨앗의 품에 안겨서 영원히 살 수 있게 된다. 나의 친구도 먼저 세상을 떠나갔지만, 소중하고 아름다운 모습으로 친구들 가슴속에 영원히 기억되고 있음을 안다.

눈물은 슬픔을 치유하는 마법의 수정체다. 뜨거운 눈물은 마음을 정화하고, 안정시키는 힘을 갖고 있다. 퇴근길 빈 하늘을 뒤로하고 자동차 앞 유리에 흩날리는 마른 낙엽의 비행을 볼 때면 주르륵 눈시울이 적셔온다. 신호등 불빛 아래 현란한 도시의 가로수 가지마다 떨어질 듯 말 듯 잎들이 휘날린다. 갈 곳 잃은 낙엽처럼 내 눈동자도 흔들린다. 늦가을의 그리움인가? 보고픔인가? 외로움이 나를 울린다.

친구가 떠난 지 어느새 40년 가까이 되어간다. 찬바람이 불고 따뜻한 난로가 생각날 때쯤이면 어김없이 연탄불에 사라진 친구가 떠오른다. 하지만 모감주나무가 세상에 자유로운 마음을 전했듯이 친구는 나에게 메멘토 모리와 카르페 디엠을 남겼다.

나의 죽음을 기억하며 현재에 최선을 다하는 삶을 선택하는 순간, 모든 감정의 소용돌이는 제자리를 찾을 것이다. 수시로 나를 찾아오는 슬픔의 눈물도, 기쁨의 눈물도, 오롯이 내가 감당해야 할 몫이다. 그러니 무엇보다도 '지금'에 집중해야 한다.

그러기 위해서는 나만의 '퀘렌시아'가 필요하다.

나만을 위한 '위로 장소, 위로 음악, 위로 음식, 위로 친구' 이것이 내가 눈물을 씻어내는 방법이다.

젊은 날 우리들의 모습은 늘 기억 속 아름다운 꽃송이 같다. 그 꽃을 고운 색종이에 싸서 나만의 보석상자에 담아놓는다. 그러다가 올 가을처럼 마음 울적한 날이 찾아오면 살포시 꺼내보기도 한다. 첫 사랑도, 첫 키스도, 첫 상처도…… 내 것이 아닌 게 없다. 그런 지난날이 있었기에 지금의 내가 있음을 안다. 내일을 살아가는 내가 있음도 안다. 어제의 나도 꽃이었고 내일의 나도 꽃으로 피어날 것이다.

그 꽃들이 모여 나만의 정원을 만들어 갈 것이다. 그 꽃밭으로 노랑나비가 날아들고 꿀벌이 여행을 오고, 벌새가 날갯짓 할 것이다. 그렇게 해마다 꽃밭은 더 넓은 세상을 만나게 될 것이다. 그 정원으로 찾아오는 누군가와 만나고 다정스레 손을 잡고 걸으며 꽃처럼 환하게 웃을 것이다.
 언젠가는 인생의 끝자락에서 작별을 고할 내 삶이지만, 살아있는 동안 나의 꽃을 피우고 싶다.

 꽃이 피고 질 때 사실은 참~ 아프다고 한다. 모감주나무가 봄에 꽃을 피울 때면 샛노랗게 수놓은 부채를 펼쳐 놓은 듯 나무 전체가 활짝 핀다. 그 꽃을 피우기 위해 나무는 온 힘을 다해 열정을 불태웠으리라. 꽃이 하나 둘씩 아프게 떨어질 때도 나무 그늘 아래에 쌓이며 황금빛 그림을 그린다.
 나는 그 그림 위에 글귀를 새긴다.
 자유로운 마음, 메멘토 모리, 카르페 디엠!!
 그리고 떠나는 모감주나무와 그리운 친구에게 가을 인사를 전한다.

 '꽃이 진다고 그대를 잊은 적 없다'

꿈은 답이 아니라 질문이다

내가 좋아하는 팝송이 있다.

바로 스웨덴 4인조 혼성 팝 그룹 '아바(ABBA)의 노래 I have a dream'이다.

처음 이 노래를 알게 된 것은 중학교 시절이었다. 어느 날 친구네 집 2층 어디선가 감미로운 노랫소리가 흘러 나왔다. 그 순간 천상에서 들려오듯 은은한 멜로디는 메마른 심장을 뛰게 했고, 젖은 감성은 잠자고 있던 영혼을 깨워냈다. 그때 음악이라는 신비로운 마법에 본능적으로 끌리는 나를 보았다.

그날 이후 난 아바의 팬이 되었다.

1975년부터 시작된 아바의 음악은 시대를 초월해 지금까지도 인기를 누리고 있다. 특히 1992년에 발매한 베스트 앨범 'ABBA Gold'는 현재까지 전세계에서 가장 많이 팔린 앨범 중 하나가 되었다. 아바의 노래는 가사가 시적이고, 듣기 편한 아름다운 하모니로 누구나 쉽게 따라 부를 수 있다. 아바 노래를 알고 나면 반드시 보고 싶어지는 뮤지컬 영화 '맘마미아'도 있다. 오래 전에 친구랑 함께 경주 예술의 전당에서 관람을 했는데, 무대를 가득 채운 배우들이 아바 노래를 함께 부르며 흥겹게 춤을 추던 장면이 아직도 기억에 생생하다.

음악의 힘은 위대하다. 아바의 노래 'I have a dream'은 꿈에 대한 막연한 환상을 노랫 속 이야기로 펼쳐내며 나만의 동화를 만들게 한다. 내게는 꿈이 있고 나는 그 꿈을 이루기 위해 힘든 역경을 이겨 낼 것이라는, 또한 누가 뭐라 해도 난 그 꿈을 믿는다는 강한 의지가 담겨있다. 늘 희망을 노래하는 아바의 음악 덕분에 질풍노도, 감당하기 힘들 정도로 날뛰던 나의 사춘기는 어느새 거센 파도를 넘고 있었다. 그때 그 시절에는 거리에 넘쳐나는 복사본 테이프을 My My(마이마이)에 고이 간직한 채 내 몸처럼 들고 다녔었다. 혼자서 여행을 갈 때도, 거리를 배회 할 때도, 비 오는 날 빵

집에서 친구를 기다릴 때도 어김없이 나는 음악과 함께 했다.

　나에게도 꿈이 있었다. 작은 시골 학교 선생님이 되고픈 예쁜 꿈, 학창시절 어느 봄날 새하얀 원피스 차림으로 긴 머리칼을 나풀거리며 교정을 찾아온 교생 선생님, 수업 내내 천사 같은 미소로 다정스레 웃던 선생님, 입가의 보조개가 유달리 예뻤던 선생님, 한달 후 헤어질 때 손수건을 적시게 했던 선생님, 그렇게 내 꿈은 정해졌다. 어느 날은 남몰래 유리창에 호호 입김을 불면서 교탁 앞에 서 있는 나를 그려 보기도 했다. 그 꿈을 살포시 꺼내 볼 때마다 어린 가슴은 두근거렸다. 정말로 잘할 수 있을 것 같았고, 꼭 해보고 싶었다. 하지만 나의 가족은 어느 누구도 나의 꿈에 대해 묻지 않았고 셋째인 나에게 관심조차 없었다. 오로지 아들밖에 모르는 부모 밑에서 나의 존재감은 처마 끝에 얼룩진 빗물 같았다. 그 속에 담겨 있던 꿈은 떨어지는 빗방울에 속아 길 위로 나와 버린 한 마리 지렁이처럼 꿈틀거리며 갈 곳을 잃고 제자리만 뱅뱅 돌고 있었다. 말단 공무원인 아버지와 농사꾼 엄마는 다섯 자식들 공납금도 제때 줄 수 없는 형편이었고, 담임 선생님의 '너의 꿈을 펼쳐보라'는 얘기는 죽어가는 마른 가지에 물을 주는 꼴이었다.

그렇게 나의 학창시절 '저 높은 곳을 향하여'라는 부푼 꿈은 잠시 책갈피에 접어둔 채 조용히 부모님의 뜻을 따르기로 했다. 결국 고등학교 졸업도 하기 전에 바로 취업 전선에 뛰어 들었다. 돈을 벌어서 집안 살림에 보탬이 되는 게 옳은 길이라 생각했다 그제서야 가족에게 '나'라는 아이는 존재감을 드러내기 시작했다. 부모님은 취직하게 된 딸을 대견해 하셨고 온 동네방네 자랑을 하고 다니셨다. 효도 잘하는 착한 딸은 말없이 그 길을 터벅터벅 걸어가야만 했다. 선생님이 되겠다던 부푼 꿈은 어느새 현실이라는 벽과 악수하며 물거품처럼 빛을 잃어갔다.

친구들이 부러워하는 나의 일터는 광주에서 최고로 잘 나가는 백화점 전산실이다. 처음 그곳에서의 일상은 긴장되고 주눅들고 상사의 눈칫밥에 온 신경이 곤두섰다. 열아홉 살 꽃 같은 청춘을 노래하며 대학 캠퍼스를 누비던 내 또래 친구들과는 전혀 다른 세상이었다. 서류에 한 점 오타가 있어서는 안 되는 매입, 매출 상황표는 각 매장에서 매일 쏟아져 나왔다. 검토하고 경리과에 보고하고 관리 팀에 결재 받고, 그렇게 하루하루가 조바심의 연속이었다. 어린 막내로 입사를 하다 보니 여기저기서 실수 투성이였다. '미생' 드라마 속 주인공이 바로 나였다. 무엇이든 열심히 해보려 했지만 업무를 배우는 데는 많은 시간이 필요했고, 상사의 막무가내 욕 바가지는 나의 몫이었다. 그럼에도 내가 선택한 길에 포기란 없었다. 서러운 눈물은 어김없이 쏟아졌고 몰래 흘린 눈물 속 억울함은 뜨거운 용광로 같았다. '학교'라는 보호망을 벗어난 낯선 세계에서 사람과 사람 사이에 어떤 일이 생기는지 온몸으로 실감할 수 있었다. 그렇게 하루하루가 빠르게 지나갔고, 나보다 어린 후배 사원이 들어오면서 내 불타는 용광로 열기는 조금씩 식어갔다.

입사 2년차, 다시 '나'를 찾아보기로 했다. 그 옛날 책갈피에 꽂혀 있던 꿈의 존재를 다시 펼쳐보기로 한 것이다. 그것은 나의 희망이었고, 내 삶을 지탱해준 거름이었다. 잠시도 잊을 수 없는 아린 손가락처럼 늘 한 곳에 머물러 있었다. 하지만 다시 펼쳐본 나의 꿈은 지워진 낙서처럼 색이 바랜 노트에 불과했다. 나의 어릴 적 꿈인 선생님이 되겠다는 소망은 이미 꺼져버린 불꽃임을 알았다. 잃어버린 걸까? 잊어버린 걸까? 멍하니 한참을 서성이는 나와 마주했다.

그리고 질문을 해 보았다. 이 길에서 또다시 선택을 해야 한다면 어디로 갈 것인가? 묻고 또 답하는 사이 내 길은 어디서든 손짓을 하며 나를 기다리고 있음을 깨달았다. 그러니 두 발을 떼기만 하면 되었다. 고심 끝에 다시 길을 찾아 나섰다. 그 길은 배움에 대한 끝없는 갈증이 빚어낸 사막의 오아시스와 같았다. 방송대 진학을 택했다. 일과 학업을 병행하며 틈틈이 강의 듣고 시험치고 수업에 참여했다. 4년 후 영문과 신입생 180명중 6명만이 논문을 통과했고 학사모는 내 차지가 되었다. 나를 찾기위한 거침없는 행진, 그렇게 도전을 향한 발걸음은 계속되었다.

며칠 후 설 연휴가 다가온다. 서울에 있는 큰 딸을 데리러 포항 KTX역사로 차를 몰았다. 운전 중에 딸아이를 키울 때 생각이 문득 떠올랐다. 이 녀석은 고등학교 1학년이 되자 갑자기 미술공부를 시켜달라고 졸랐다. 자기 적성에 의상디자인 학과가 맞다는 논리였다. 엄마로서 아이의 꿈을 존중해 주는 게 당연했다. 그때부터 본격적으로 입시 미술학원을 다녔다. 워낙 소신이 뚜렷하고 자기 주장이 강한 아이라서 전폭적으로 믿고 지지해주고 지원도 아끼지 않았다. 하지만 고3이 되자 상황은 급변했다. 그 해 수능을 망쳤고 실기 시험을 미리 봤던 대학에서는 연락이 오지 않았다. 엄마에게는 원칙 하나가 있었다. "재수는 절대 안 된다"

그렇게 팽팽한 긴장이 흘렀다. 결국 딸은 죽어도 '인(in) 서울'을 고집하며 2년제 서울전문대학 의상디자인과에 입학했다. 큰 딸은 스타일리스트가 되는 게 꿈이었다.

서울에 대한 로망으로 가득 찬 대학생활과 반드시 이루고 싶은 꿈, 딸아이는 잠을 줄여가며 공부했고 과수석을 이어갔다. 끝내 남들과 다르게 2년제 대학 졸업을 하면서 4년 학사학위를 따냈다. 그러더니 바로 취업에 성공했다.

처음 스타일리스트로 시작한 사회 진출은 다양한 직업군으로 시야를 넓혀갔다. 세상에는 알려진 것보다 훨씬 더 세분화된 직업들이 존재한다. 디자인으로 시작한 메이크업, 광고, 화장품 등 선택지가 다양하다. 요즘에는 차곡차곡 경력을 쌓더니만 제법 높은 연봉을 받으며 화장품 업체 온라인 MD로 일하고 있다. 또한 N잡러로 활동하면서 본업인 직장 외에 탁월한 미술 감각으로 의상 피팅 모델과 유튜브 소속 활동까지 맘껏 자신의 재능을 펼쳐나가고 있다.

이렇듯 어떠한 상황에도 실망하지 않고 차근차근 자신만

의 길을 찾아가는 딸이 대단해 보인다. 대학 졸업 후에는 홀연히 캐나다 유학길에 오르기도 했다. 그 결과 낯선 세상과의 색다른 경험을 통해 두려움을 이겨내는 힘이 더해졌다. 또한 '하면 된다'는 강한 신념을 등에 업고 돌아왔다. 딸은 어디서든 필요한 사람이 되려고 노력한다. 남들보다 빠르게 업무를 파악하고 전문가다운 실력을 키운다. 그리고 자신이 아는 것을 아낌없이 남에게 나눠주려 애쓴다. 업무상 문제 상황 자체를 만들지 않으려 미리 '갈등 예방 백신'을 가방 속에 넣고 살아가는 아이다. 웬만한 일에도 끄덕 없는 멘탈 관리는 필수다. 그러기 위해 쉼 없이 배우고 실패에 대한 경험을 마다하지 않는다.

어쩌면 딸의 성장기와 엄마의 모습이 참 많이 닮았다는 생각이 든다.

엄마 또한 학창시절 꿈이었던 교사의 길을 걷지는 못했지만, 지금을 살아가는 나의 길, 예순살 인생길에 후회란 없다. 왜냐면 과거의 나와 현재의 나, 그리고 미래의 나는 언제나 오늘에 집중하며 살아왔고 또 그렇게 살아 갈 것이기 때문이다. 먼 훗날의 나에게 '참 잘했다' 쓰담쓰담 안아 줄 수 있음이 진정한 행복이라 생각한다.

인생에 정답이 있을까? AI한테 물어보면 답을 줄까?

한번쯤 우리네 인생이 어찌 될지 궁금해서 타로점도 보고 운세도 알아 본다. 그 곳에서 얻은 답으로 세상을 살아가면 되는 걸까?

지금껏 내가 걸었던 인생의 정답은 늘 나를 비껴가는 듯했다. 하지만 그것은 착각이었다. 난 항상 태양을 향해 꽃을 피우는 해바라기처럼, 꿈을 향해 달리는 마라토너였다. 그리고 이제는 그 꿈의 보따리를 하나씩 하나씩 풀어내고 있다.

지금은 봉사활동으로 아이들에게 책을 읽어주는 교사 활동을 하고 있고, 어린이 리더 양성캠프 교사도 겸하는 중이다. 내가 원하던 '선생님' 소리를 학원 내에서 원없이 듣고 지낸다. 아이들과의 만남은 내게 있어 삶의 에너지다. 똘망똘망한 눈빛으로 이야기에 집중하는 모습이 너무도 예쁘고 사랑스럽다. 이 어린 새싹들이 자신의 꿈을 이루어 가는데 작은 길잡이가 되기를 소망한다. 그토록 찾던 행복의 파랑새는 가까운 곳에 있었다. 하지만 그것만으로 정답을 찾았다고 할 수는 없다. 보다 질 높은 수업을 위해 질문을 던지고, 아이들 반응에 더 나은 답변을 찾아내고 또다시 질문을 한다. 그 질문을 통해 원하는 답이 나온다는 것을 알고 있기 때문이다. 그리고 그 질문이 인생이라는 넓은 밭에 꿈을 품은 씨앗이라는 것도 알게 되었다.

내게는 가끔씩 꺼내보는 비밀의 화원이 하나 있다. 그곳은 마음속 '희망이라는 꽃'에 물을 주는 정원이다. 마음이 울적할 때면 그 꽃과 대화도 한다. 그 꽃은 항상 나를 웃게 하고 내게 '힘내라'는 응원 메세지를 보내준다. 그러면 난 그 메세지에 이렇게 응답한다.

꿈은 꼭대기에 올라서서 '답을 찾았다' 큰 소리 치는 게 아니라, 그 길을 어떻게 잘 찾아갈지 수많은 질문을 던지며 포기하지 않는 길을 찾는 것이라고 응답한다.

인생이란 어쩌면 빠지면 헤어나오기 힘든 위험천만한 늪지대를 드문드문 삐져나온 돌을 살짝살짝 밟으며 건너는 것이라고 응답한다.

그러니 조심조심 밟아가야 한다고 말한다.

그리고 질문을 길잡이 삼아 자신의 길을 찾아가는 거라고 말한다.

곧 설날이 다가온다.
사랑하는 가족을 위해 맛있는 떡국을 준비해야지!
엄마로서 할 일이 많아진다.
식탁에 휴대폰 유튜브 채널을 켠다.
아바의 노래가 흘러 나온다.
'I have a dream. A song to sing……'

마음도 저축할 수 있으면 좋겠다

　열린 창 틈으로 살랑이는 바람결에 꽃 향기가 피어나는 3월!
　집 앞 길 건너 초등학교 교문에는 입학식을 알리는 현수막이 걸려있다. 어린 신입 꼬마들은 새 가방을 둘러 메고 고사리 같은 작은 손으로 신주머니를 달랑거리며 학교로 향한다. 어떤 아이는 엄마 손을 꼬옥 붙잡고 조심스레 신호등을 건넌다. 신호등 앞에서 머뭇거리는 모습이 어찌나 귀엽고 사랑스러운지, 이 조그마한 아이들의 눈에 비친 세상은 어떠할까 생각해 본다.

　첫 만남, 첫 사랑, 첫 경험……

이렇듯 '처음'이라는 단어는 항상 두근거림과 설레임의 아이콘이다.

가끔씩 나의 첫 마음을 되돌아보고 그때의 첫 느낌을 소환해 본다.

그러면서 무뎌진 흐린 날들에게 맑은 정화수를 끼얹듯 그렇게 나를 세워 깨워본다.

문득, 신영복 선생님의 '처음처럼'이라는 글이 생각난다.

처음으로 하늘을 만나는 어린 새처럼
처음으로 땅을 밟고 일어서는 어린 새싹처럼
우리는 하루가 저무는 겨울저녁 무렵에도
마치 아침처럼, 새봄처럼, 처음처럼
언제나 새날을 시작하고자 한다.
왜냐하면 산다는 것은
수많은 처음을 만들어가는
시작의 연속이기 때문이다.

나의 첫 마음을 떠올려 본다.
내가 바라던 나의 모습, 나의 어제와 오늘, 그리고 내일……

신영복 선생님의 말씀처럼 산다는 것은 수많은 처음을 만들어 가는 시작의 연속이 아니던가?

그렇다면 지금의 나는, 지금을 다시 처음처럼 만들어 가고 있는 건가?

어제의 나는 내가 아니듯, 오늘의 나는 진정 내가 원하는 나로 살아가고 있는가?

한 번씩 마주하는 초록빛깔 소주병에 새겨진 글씨체 '처음처럼'은 이 분의 작품이다.

늘상 외로운 밤이면 나의 벗이 되어주는 멋진 친구이자 삶의 동반자다.

특히나 빗소리가 어둠을 몰고 올 때면 조용히 벗과 마주한다.

퇴근 후 지치고 힘든 하루의 피로를 풀기 위해, 잘 살아보려 애쓴 나의 영혼을 달래주기 위해, 그냥 분위기에 취하고 싶은 울적한 날이라서……

그렇게 저렇게 그 친구를 찾는다.

하지만 그 친구는 많은 것을 내어주지는 않는다. 물론 내 질문에 대한 해답도 주지 않는다.

그저 우두커니 서서 말없이 나만 바라봐 주고 나를 달래

준다.

그것이 그 친구가 할 수 있는 최선의 배려다.

딱~ 반병만! 그렇게 손가락 걸고 약속했다. 그 이상은 허락되지 않는다.

왜냐면 그래야만 말짱한 정신으로 내일을 만날 테니까.

가끔씩 길을 잃고 사는 나, 내가 찾는 그 길은 고개 너머 저 멀리 있을지 모른다.

어쩌면 그곳에서 등대를 환히 밝힌 채 한없이 나를 기다리고 있을지도 모를 일이다. 그런데 현실을 살아가는 '나'라는 돛단배는 그 길의 정반대 방향에서 부지런히 노를 저어 어디론가 가고 있다. 내가 가고자 했던 길은 점점 더 멀어져만 가고, 내 앞에 놓인 초록빛깔 소주병은 그런 나를 바라보며 안타까운 한숨을 내쉰다. 어쩜 산다는 것은, 내가 잃은 것을 찾는 것일지도 모른다는 생각이 든다.

그러던 어느 날, 달빛을 타고 날아온 등대 불이 자꾸만 내게 돌아오라 손짓하고 있었다. 그래서 나의 첫 마음을 찾고자 그 빛을 따라 나섰다.

스피치 고급과정 첫 수업이 생각난다. 생경한 느낌과 기억들이…

　처음 접하는 공부, 처음 함께하는 사람들, 처음 느꼈던 어려움…

　그 난해하고 답답했던 빼곡한 글자들, 억지로라도 책장을 넘기며 아는 척, 이해한 척 애썼던 그때의 내 모습이 애처롭기까지 하다. 하지만 고급 과정 '생각의 탄생' 교재에서 나온 첫 번째 생각 도구인 '관찰'을 공부할 때는 정신이 번쩍 들었다. 그야말로 스파크가 일어났다. 특히 '세속적인 것의 장엄함'을 발견하는 일이 중요하다는 대목에서는 많은 생각을 하게 되었다. 사소한 일상에서 무심코 버려진 소중한 것들에 대한 의미를 찾게 되는 시간이었다.

　스트라빈스키는 "진정한 창조자는 가장 평범하고 비루한 것들에서도 주목할 만한 가치를 찾아낸다"라고 말한다. 평범 속에 숨겨진 내 삶의 아름다움이나 지혜를 찾는 일은 결코 쉬운 일이 아니다. 하지만 평범함이라는 그 자체가 행복이고 숭고한 진리다. 나의 일상에서도 분명 달라진 나를 보게 되었다.

　나의 모습은 가족에게도 까칠하고 예민한 엄마였다. 항상 칭찬보다는 훈계를 더 많이 했고 불만을 지적하는 뾰족한 송곳 같았다. 솔직히 아이들이 원하는 편한 엄마, 다정한 엄마는 아니었다. 어설픈 것을 용납 못하고 강하게 간섭하는 잔소리꾼 엄마였다. 특히 첫째인 아들에 대한 기대치가 높아지면서 사춘기시절, 둘의 갈등은 선을 넘을 정도로 심각했다. 아들은 느긋한 성격에 걱정거리가 없었고, 적당히 성적대로 전문대 진학을 원했다. 하지만 엄마는 달랐다. 고액 과외를 시켜서라도 기를 쓰고 아들을 그럴듯한 대학에 보내고 싶어했다. 아들은 점점 더 말수가 줄어 들었고 웃지도 않았다. 엄마의 욕심 때문에 10대시절 내내 숨막히는 긴장의 시간이 계속되었다.

둘은 전혀 행복하지 않았다.

도대체 누구 탓이란 말인가?
아이들은 자신의 삶을 자식으로서 그저 살아갈 뿐인데, 단지 엄마라는 이유로 사사건건 끼어드는 게 마땅한 것인가? 엄마는 왜 그렇게 집착을 하며 욕심을 부렸을까? 아이가 무엇을 원하는지, 무엇이 되고 싶은지 묻지 않았다. 참 부족한 엄마였다.

아들은 반듯한 외모에 모범적인 생활태도를 가졌고, 심

지어 또래 친구처럼 이상한 욕도 하지 않았다. 등굣길 스쿨버스를 놓친 적이 없었고, 술이나 담배 같은 불량식품에는 얼씬도 하지 않았다. 너무도 평범한 아이지만 부족한 게 없는 아이였다. 이런 아들이 항상 옆에 있는데 엄마만 몰랐다. 엄마는 남의 집 아들만 보고 살았다. 엄마는 바보였다. 그래서 나중에 아들한테 사과를 했다.

아들을 키우면서 가장 기억에 남는 사연이 하나 있다. 아들이 아마도 여섯 살쯤 되었을 때다. 그날은 '부처님 오신 날'이었고, 안강에 있는 거대 사찰인 '대흥사'에 아이 둘을 데리고 나들이를 간 적이 있었다. 워낙 큰 불교 행사인지라 전국에서 몰려든 사람들로 발 디딜 틈이 없었다. 그런데 이곳 저곳 절 구경을 다하고, 잠깐 화장실을 다녀온 사이, 아들이 보이지 않았다. 동생인 딸아이와 허겁지겁 갔던 곳을 샅샅이 찾아봐도, 아들은 보이지 않았다. 갑자기 몸이 부르르 떨리면서 깜깜해지고 공포감이 엄습했다. 미친 듯이 아이를 찾는 어미의 모습은 처절했고 무작정 인파 속을 파고들며 울어댔다. 끝내 어디에도 없는 아들……

휴대폰이 없던 시절, 지친 어미의 마지막 선택은 경찰에 미아신고를 하는 것뿐이었다. 서둘러 주차장으로 달려갔다.

그런데 주차장 맨 끝부분 차 바퀴 옆에서 한 아이가 땅바닥에 동그라미를 그리고 있었다. 아들은 엄마가 보이지 않자, 혼자서 그 길을 되돌아 갔고, 엄마가 다시 차로 올 거라는 생각에 한없이 기다리고 있었다. 그토록 찾던 아들이 눈앞에 보이는 순간, 세상을 다 가진 심정이었다. 단숨에 뛰어가 어린 아들을 꼬옥 안았다. 엄마가 미안하다고, 여기 있어줘서 다행이라고, 정말 걱정했다고, 넌 너무도 소중한 아이라고.

그렇게 한참 동안 아이를 안고 기뻐했다. 그제서야 뻣뻣하게 굳어있던 두 다리와 미친 듯이 펄떡이던 심장은 제자리를 찾아갔다. 그때 무사히 내 앞에 나타나 준 아들의 존재자체가 너무도 큰 기쁨이었고 행복이었다.

지금도 아들은 한 번 갔던 길은 빠짐없이 기억해 내는 남다른 재주가 있다. 천지신명이 도우셨던 그날의 충격적인 사건, 남편에게는 끝내 말하지 못했다.

세상에서 가장 소중한 자식에 대한 애착은 모든 엄마의 본성이다. 그 사랑으로 아이를 키워내고 행복해 한다. 만약 어떤 일로 두 번 다시 볼 수 없다고 생각해 보라. 그 순간이 바로 지옥이 될 것이다. 어린 자식을 바라보는 부모의 심정은 늘 조바심과 걱정투성이다. 자식이 그저 건강한 모습으로 행복하기를, 나보다는 더 잘 살아주기를 두 손 모아 소망한다.

아들을 잠시 못 보게 된 그때를 생각하면 지금도 온몸이 오싹하다. 그럼에도 여전히 잔소리가 늘어간다.

운동 좀 하라고, 책 좀 읽으라고, 술 좀 적당히 마시라고, 연애 좀 하라고……

마음처럼 고운 말이 나오지 않는다.

어찌 보면 사랑도 공부와 연습이 필요하다는 생각이 든다.

나에게 스피치 고급 과정은 메말라가는 논바닥에 물을 대주듯, 마음 잔고가 텅 빈 영혼에게 한줄기 빛이었다. 곧 부도 직전인 나에게 회생절차의 기회를 준 셈이다. 그 동아줄이 나를 구해냈고, 이제는 서서히 마음 잔고를 채워가며 여유라는 저축 계좌도 늘려나가고 있다. 그러다 보니 아이들과의 사이는 좋아졌고 서로가 다름을 인정하고 이해하려는 마음 그릇을 갖게 되었다.

가장 중요한 것은 지금 나에게 가장 소중한 것이 무엇이며, 그것을 어떻게 지켜낼 것인가를 잊지 않는 일이다.

처음 첫 아이의 울음소리를 듣고 엄마가 되었을 때의 그 벅찬 감동만큼은 아니지만, 누구보다도 아낌없이 아이들을 사랑하는 엄마다. 세상에 태어나 가장 잘한 일이 바로 아이 셋의 엄마라는 것이다. 이제는 아이들의 엄마로서 넉넉한 마음이 자라는 부자로 살아갈 것이다. 자식은 부모의 모습을 보고 자란다. 그러니 뿌리깊은 나무처럼 꽃을 피우며 웃어주고, 그늘도 만들어 주면서 항상 곁에서 응원해 주는 엄마가 될 것이다. 진지한 자세로 들어주고, 어떤 경우든 말이 잘 통하는 엄마로, 늘 배움을 가까이 하는 엄마로, 또한 가족이 걱정하지 않게 자기관리에 진심인 엄마로 남을 것이다. 그러기 위해 한결같이 첫 마음의 두근거림이 무엇인지 잊지 않는 엄마로 남을 것이다.

언제까지나 변치 않는 푸른 소나무처럼
그런 변치 않는 엄마의 마음도 저축할 수 있으면 참 좋겠다.

봄비가 부슬부슬 내린다.
곧 봄 꽃이 피어날 것이다.
산수유, 목련, 개나리, 진달래, 벚꽃까지……

그 꽃 길을 아이들과 함께 걷고 싶다.
아이가 두 손 벌리며 엄마를 향해
첫 걸음을 걷던
그때의 첫 마음처럼~♡

슬럼프에서 살아남기

 2024년 세밑이지만 겨울답지 않게 포근하다. 집 근처 버스 정류장 너머 마른 담쟁이 덩굴 사이로 느닷없이 샛노란 개나리가 피어났다. 그냥 지나치려다가 하도 기가 막혀서 자세히 들여다 보았다. 정말로 봄의 정령 개나리 꽃이 맞다.
 요즘, 세상이 온통 뒤죽박죽 혼란스러운데 계절마저 길을 잃고 헤맨다. 어쩌면 아무 때나 울면서 떼쓰는 아이처럼 이제 꽃을 피웠으니 봄을 달라고 조르는 것 같다. 개나리는 왜 꽃을 피웠을까? 따스한 햇살에 속아서? 담쟁이 넝쿨의 영양분에 현혹 되어서? 아니면 진짜로 봄이 온 줄 알고? 양지 한 켠에 자리잡은 개나리 가족이 거친 한파의 냉혹한 시련을 잘 견뎌낼 수 있을지 걱정이다.

어찌 개나리 꽃 뿐이겠는가?
곧 맞이할 새날을 준비하며 올해와 작별하는 나 자신도 갈 곳 잃은 한 마리 기러기 같다. 12월을 맞을 때는 한해 마무리를 멋지게 장식 하겠노라 다짐 했었다. 하지만 연말이 코앞에 다가온 지금의 현실은 쓰라린 후회와 아쉬움뿐이다. 분명 잘살아 왔노라고, 내가 선택한 길이 맞노라고 막무가내 우겨 보지만, 역시나 저무는 황혼 빛 끝에서 바라본 나의 일 년이라는 시간은 잘못 피어난 개나리꽃 신세다.

아직 준비 되지 않은 내일이라는 시간에게 짐을 떠맡기며 오늘은 그럴만한 사정이 있었노라고 변명하는 꼴이다. 때론 아닌 척 억지로라도 웃으면서 나를 예쁘게 포장해 본다. 하지만 오늘이라는 선물 상자는 일찍부터 텅 비어 있었다. 초라함과 안일함이라는 탈을 쓴 가면 하나가 덩그러니 놓여 있을 뿐이다.

지금껏 긴 시간 동안 많은 사람들 속에서 '나'라는 꽃을 피우기 위해 무던히도 애썼다. 한 번만이라도 내 꽃을 봐 달라고 쓸데없는 농담도 건네고, 억지 웃음도 지어냈다. 그곳에서 내 꽃은 피어났고, 또다시 시들었다.

올해의 내 모습을 더듬어 보면 어이없게도 마음 편한 고객만 찾아 다녔다. 낯선 사람들, 불편하고 보기 싫은 고객들은 일부러 피하면서 만나기를 거부했다. 이런저런 핑계가 많았음은 당연하다. 영업을 하는 사람으로서 비열한 행동이고 못난 선택이었다. 이제는 한번쯤 그래도 된다고, 별로 문제 될 게 없다고, 나에게 체면을 걸면서 괜찮은 척 그럭저럭 보냈다. 하지만 개구리가 가마솥에서 서서히 삶겨져 죽어 가듯이, 몸은 점점 더 굳어져만 가고 용기라는 무기는 속절없이 녹슬어 갔다.

솔직히 요즘 보험 영업 시장은 그야말로 포화상태다. 인터넷 채널이나 TV홈쇼핑에서는 매일같이 과대 광고로 사람들을 유혹한다. 갈수록 가망고객 찾기가 쉽지않다. 그 동안 어떻게 일을 했었나 싶을 정도로 깜깜한 미로 속을 헤매고 있다. 팀장으로서 매달 채워야 하는 목표가 있고 소득에 대한 기대치가 있다. 그러한 부담감이 주는 압박감과 책임감은 텅 빈 실적이라는 성적표 앞에서 사정없이 매질을 당한다. 그게 영업의 실체임을 익히 알고는 있지만 여전히 넘기 힘든 산이다. 더군다나 12월 어느 밤, 날벼락처럼 온 국민을 놀라게 한 어이없는 사건은 영업의 치명타였다. 그 후

속풍으로 불어 닥친 '탄핵이슈'라는 거센 파도까지 몰아치고 말았으니, 꼼짝없이 얼음 속 동굴에 갇혀버린 상황이다.

그 와중에 나의 존재를 어느 누구도 접근 못하도록 안전가옥에 가두어 버렸다. 그렇게라도 나만의 도피처가 필요했던 것일까? 힘들게 수레를 끌고 가는 나에게 잠시라도 휴식을 선물하고 싶었다. 어쩌면 사람들에게 찢기고 상처받은 내 영혼을 달래줘야 한다고 생각했다. 그래서 나를 좋아해주고, 내가 만나고 싶은 고객만을 찾았던 것이다. 하지만 그 여파는 대단했다. 하루를 쉬면 일주일을 걸어야하고 일주일을 쉬면 한 달을 뛰어야 하는 게 영업이기 때문이다. 역시나 실적은 바닥을 맴돌았고 의욕은 날개를 잃었다. 그러다가 어느 순간, 그런 내가 미치도록 한심하고 실망스러웠다.

올 한 해를 시작할 때 다짐했던 나의 뜨거웠던 열정의 시간은 너무도 짧고, 연말의 쓸쓸한 절망의 시간은 길기만 하다. 멍하니 긴 한숨만을 내쉬고 있는 나를 보게 된다.

과연 이대로 버틸 것인가? 아니면 용기를 내어 얼음굴 밖으로 발을 내디딜 것인가? 주춤거리는 초라한 영혼에게 묻는다. 어디서부터 열정을 끌어 올릴 것인가? 무엇으로 내 존재의 의미를 찾을 것인가? 질문은 무성한데 돌아오는 대답은 흘러가는 메아리뿐이다.

누구나 슬럼프는 겪기 마련이다. 특히나 요즘같이 불안하고 침체된 시장 상황에서 영업맨들의 고충은 최상위급이다. 한 사람의 고객이라도 찾기 위해 매일이 바쁘다. 상대가 만남을 거절하고 무시하는 상황에서도 웃으며 물러난다. 때를 기다리고 또 기다린다. 고객이 불러주는 그날까지.

에너지는 점점 더 고갈된다. 경력이 많다고 해결되는 문제도 아니다. 온 마음으로 친숙해진 고객이 어느 날 갑자기 계약을 모두 해지시키며 영영 떠날 때도 있다. 그 동안의 정성과 신뢰가 공중 분해 되는 순간이다. 참으로 고독한 직업이다. 그럼에도 내일이라는 삶은 계속 되어야 하기에 슬럼프라는 늪에서 빨리 뛰쳐 나와야 한다. 그곳에 머물러 있는 시간이 길어질수록 깨어 있는 영혼을 갉아 먹는 좀벌레처럼 회복하기 힘든 후유증을 남긴다. 그러기에 나만의 슬럼프 극복 필살기가 절실히 필요하다. 그래서 해답을 찾아 보기로 했다. 느슨해진 운동화 끈을 힘주어 묶듯이, 나를 세우는 습관을 통해 쉴 새 없이 찾아 오는 불청객, 슬럼프와

싸워 보려 한다.

그렇다면 어떤 방법이 있을까?
그것은 나와의 약속으로 그 어떤 타협에도 굴하지 않고 하루도 빠짐없이 몸으로 실천해 나가야 할 사명이라 생각한다.

첫째 매일 '읽기'를 할 것이다.
'읽기는 힘이 세다'는 말처럼 반드시 한 달에 두 권의 책을 완독할 것이다. 읽기는 건조한 일상을 깨워, 감성의 문을 열고 이성이라는 마음의 창을 두드릴 수 있으니까.

둘째 '쓰기'를 멈추지 않을 것이다.
글쓰기는 거울 속에 비친 자신을 타인처럼 바라보는 기술이다. 그것은 독서와 경험이라는 탑을 쌓아서, 호기심이라는 백지와 마주하는 일이다.

셋째 '운동'을 계속할 것이다.
삶의 근원은 역시 체력에서 나온다. 몸이 아파지는 순간, 끝이다. 언젠가 힘없이 아파하며 원망할 나에게 미안해 하지 않기 위해서, 매일 쉬지 않고 뛸 것이다.

넷째 '영어공부'에 진심을 다할 것이다.
뇌 건강을 위해서는 난해한 외국어 공부가 최고다. 어렵다는 이유로 팽개쳐 둘 수 없는 일이다. 왜냐면 영어가 좋으니까. 팝송은 듣기 좋고 가사를 알면 더 좋고, 따라 부르는 순간, 기분이 최고니까. 나를 기쁘게 하는 삶의 도구임이 틀림없으니까.

이러한 습관을 계속해 나가는 동안 내면은 강한 에너지를 끌어 당길 것이다. 또한 일에 대한 집중도는 점점 더 높아질 것이다. 내가 가진 행복 주머니가 여러 개 있을수록 에너지가 고갈 되었을 때 쉽게 끌어다 쓸 수 있으리라. 미물인 토끼도 독수리한테 잡힐까 봐 미리 도망 갈 굴을 세 개 이상 파놓는다고 하지 않는가!
그러니 어떠한 상황에서도 현명하게 대처 할 방법이 필요하다. 이런 나만의 생활습관이 잘 버티고만 있다면, 슬럼프라는 악당이 요동을 친다 해도 내 삶에 대한 애착과 신념의 뿌리는 쉽게 흔들리지 않을 것이다. 아마도 그 악당은 잠시 지나가는 소나기처럼 말끔히 사라질 것이다.

그렇게 슬럼프를 극복 했다고 온전한 행복으로 이어지는 가?

성공한 인생길이 펼쳐지는가?

대체로 성공하는 사람들은 한가지 삶의 법칙이 있다고 한다. 그것은 바로 '남들이 안 하는 것을 하는 것'이다. 우리는 과연 남들처럼 똑같은 일상에서 무엇을 다르게 하고 있는가?

얼마 전 배우 겸 작가인 차인표가 장편소설을 썼는데 작가와의 인터뷰에서 에피소드 한가지를 소개했다. 언젠가 성탄절 이브에 박찬호 선수가 자기집으로 불쑥 찾아 왔단다. 그 유명한 박찬호 선수 주변에는 얼마나 많은 사람들이 있겠는가? 그런 그가 성탄절 이브에 시끌벅적하고 들뜬 분위기로 한껏 떠들고 마시고 즐기는 사람들을 피해서 형님 집으로 피신을 왔단다. 그런데 집안으로 들어와서는 축하파티를 하며 노는 게 아니라, 엉뚱하게도 거실에 앉아 가부좌를 틀고 참선을 했다고 한다. 건장한 박찬호가 그런 행동을 하다니!

전혀 상상할 수 없는 일이다.

한국인 최초, 메이저리그 투수로 성공한 박찬호가 왜

이런 행동을 했을까? 그는 이렇게 말한다.

"성공한 사람들이 오랫동안 그 자리를 지키기 위해서 행하는 하나의 법칙이 있다. 그것은 무언가를 더 잘하는 것이 아니라, 안 하는 것들이 있어야 한다. 즉, 남들이 당연히 누리는 것으로부터 자기를 절제하는 것이 필요하다"

이런 이유로 박찬호는 스스로가 빠져 나와서 자기만의 시간을 갖고 명상을 한 것이라 한다. 역시 세계적인 선수다운 발상이다. 남들과 똑같이 해서는 결코 성공할 수 없다는 진리이기도 하다. 이제라도 남들이 하지 않은 일을 찾아서 해보는 습관이 필요할 것 같다.

그렇다면 성공이란 무엇일까? 반대말은 실패인가? 포기인가?

몇 해 전 20년정도 알고 지내던 고객에게 간병보험을 설명한 적이 있다. 그 분은 왜소하고 아픈 몸으로 의붓 자식들을 키워냈지만 별 애정도 없고 은퇴한 남편 연금으로 겨우 살아가고 있다. 그러니 혹시 노후에 병든 자신을 누가 간병해 줄 것인가를 걱정하고 있었다. 하지만 꼭 필요함에도 형편이 넉넉치 않다면서 번번히 가입을 거절했다. 그렇게 2년의 시간이 흐르고 여섯 번째 권유 후 드디어 고객의

승낙을 받아냈다. 만약 다섯 번째 거절 당했을 때, '안되는 구나' 포기하며 돌아섰다면 이런 결과는 얻지 못했을 것이다. 이렇듯 거절은 타인이 하는 것이다. 하지만 포기는 내가 스스로 정하는 것이다. 내가 시도하지 않아서 생기는 결과다. 결국 내가 포기하지 않는 한 실패란 없다.

성공하는 비결은 간단하다.
남들이 안 하는 것을 포기하지 않고 끝까지 도전하는 것!

나를 세우는 습관을 실천함에 있어 무엇보다 끊임없는 도전의 중요성을 체감한다. 지금 읽고 있는 책 '생각을 넓혀주는 독서법'도 그 중 하나다. 이 책에서는 1단계 기초적 읽기, 2단계 살펴보기, 3단계 분석하며 읽기, 4단계 통합적 읽기를 알려준다.
어렵고 난해한 이러한 책 읽기를 나는 '도전'이라고 생각한다. 이 책은 '나의 가능성을 믿고 나의 틀과 싸워 이기기'라는 강한 메시지를 전달하고 있다. 어쩌면 작가는 '자기자신이라는 책을 써라'는 주문을 하는 것 같다. 또한 자신이 어떤 삶을 살 것인가에 대한 답을 찾아보라고 한다. 단계별로 차근차근 '나'라는 책을 살피면서 분야별로 분석하고 이해하고 통합하면서 전체적인 삶의 의미를 찾아보라는 내용이 실려있다.

결국 고독하고도 힘들 때, 이겨낼 수 있는 에너지를 만드는 자신만의 좋은 습관은, 성공이라는 좌표를 찍을 것이다. 한 사람의 '인생이라는 책' 속에는 무수히 많은 별들이 반짝이고 있을 것이다. 이별도, 슬픔도, 사랑도, 기쁨도, 그 모든 별들이 하나의 은하수가 되어 온 우주로 퍼져나가는 운명을 타고 났는지 모른다. 지금부터라도 '나'라는 별을 멀리 떠나 보내기 전에 무엇으로 '나'라는 별을 완성시켜 나갈 것인가 고민해 볼 일이다.

곧 헤어질 2024년!
새벽녘 창 밖으로 여명이 짙어 간다.
올 한 해를 돌아보며 나에게 하고픈 말이 있다.

'지금 눈앞에 놓인 문제를 마주 할 용기만 낸다면 더 많은 것을 견딜 수 있다고.

힘들고 어려울 때 일수록 아주 사소한 아름다움을 볼 수 있어야 한다고.

내 마음이 어디를 바라보고 있는지 찬찬히 살펴 보라고.

소망과 의지만 있으면 반드시 신호를 보내 줄 것이라고.

우주의 좋은 기운을 받아 서서히 물들 거라고.

그리고
지금도 충분히 잘 하고 있다고!'

젖은 낙엽족의 삶

가을비가 추적추적 내리는 아침~

빗물에 젖은 가로수 가지마다 색 바랜 잎사귀가 흩어져 날린다. 그 잎새는 어지럽게 여기저기 날아 오르다가 새벽에 쏟아지는 빗물에 갇혀 꼼짝없이 땅 위로 떨어진다. 그 위를 행인들은 발길질을 해대며 지나간다. 얼룩진 잎새는 더욱 납작해져 가는 자신의 처지를 어찌하지 못한다. 그 모습을 보고 있자니 치매 환자인 이웃집 할아버지의 초점 없는 표정과 겹쳐진다. 한 때 빛났던 싱싱한 잎새가 빛바랜 낙엽으로 떨어져 내리는 건 순식간이다. 빗물에 젖어 맥없이 떨어지는 낙엽의 신세가 어쩌면 노년의 초라함과 닮았다. 순간, 누구나 마주하고 싶지 않은 〈늙음〉이라는 단어가 스친다. 그 언저리에서 발버둥치며 허우적대는 인간의 나약함도 엿보게 된다.

사람은 태어나면서 한 단계씩 생애 주기별로 살아가게 된다. 유아기에서부터 10대 청소년기를 지나, 20대 청년기에 대학을 가고 차자 독립을 하게 된다. 30대에 본격적으로 사회 생활을 시작하면서 결혼과 출산으로 이어지고, 40대부터는 자녀교육에 전념하게 된다. 50대에는 가장으로서 가장 큰 힘이 되는 높은 연봉을 받게 되고, 곧바로 60대는 은퇴 시기를 맞이한다. 이때부터 기나긴 30년의 노년기에 접어들게 된다. 지금껏 일했던 만큼의 시간들이 기다리고 있는 셈이다.

그렇게 시작되는 60대~90대의 노년기로 가는 길에는 누구랑 함께 하느냐가 중요하다. 그때가 되면 찾아갈 곳도, 찾아오는 이도 별로 없는, 생각보다 길고도 외로운 혼자만의 세상이 될 수도 있으니까.

초겨울 어느 골목길 가로등 밑에서 '나는 지금 어디쯤 와 있나' 내 그림자와 마주 할 때가 있다. 숨가쁘게 잘 달려온 것 같은데 무엇으로 나를 보여줄 것인가에 대해서는 답을 찾지 못한다. 어떤 이는 아직도 바로 앞에서 놓쳐버린 버스만을 아쉬워하며 한숨만 내쉬고 있을지도 모른다. 마음의 여백이 들어올 새도 없이 그저 당장 내 눈 앞에 보이는 것이 전부인 양 살아가기 바쁘다. 다가올 내일을 준비하는 것 자체가 내 일이 아닌 듯 하고, 분명 기회로 빛났던 어제는 이미 낡아 빠진 옷가지가 된 채 버려둔다. 그러다 보니 내일이 없는 삶은 점점 더 조급해지고 불안 초조라는 복병에 둘러싸여 누가 살짝만 건드려도 금세 발끈 예민해진다.

내게도 곧 다가올 60이라는 나이를 가만히 생각해 본다. 나의 50대 끄트머리 인생이 올 겨울을 넘기면 당연스레 60대에게 바통을 넘겨 줄 것이다. 나이라는 숫자의 집에 갇힌 듯 답답해 온다. 누군가는 이렇게 말한다.

"그게 뭐? 너만 그러냐? 유난 좀 그만 떨어라!!"

'정말 그럴까? 나에게만 유별스런 느낌으로 다가오는 걸까? 미래를 준비하는 마음의 통로가 나에게만 없는 것인가?'

빗속을 거닐다 우수수 바람 속을 헤집고 다니는 나뭇잎에 시선이 머문다.

이런 심란한 마음을 가다듬고 있는데 막내 동생한테서

연락이 왔다. 친정아버지가 엄마 폰으로 전화를 하셨단다. 자식들이 나몰라라 하니까 일부러 엄마가 휴대폰을 두고 간 틈을 타서 맨 마지막으로 통화한 막내딸 번호를 누른 모양이다. 대뜸 하시는 말씀은 "니 언니 오빠랑 상의해서 내 다리 수술 좀 해줘야 쓰것다" 막무가내로 억지 소리만 내지르신 모양이다. 친정 아버지 연세는 올해 89세이다. 얼마 전 응급실에 실려가 세 번이나 장 누수로 시술을 받으셨고, 현재 건강 상태는 위험 수위다. 그런데도 다리가 아파 죽겠으니 수술을 해달라고 하신 모양이다.

착한 자식으로 사는 것도 어렵다며 막내는 하소연을 해댄다. 2남 3녀를 둔 아버지의 처량한 목소리가 메아리처럼 귓전을 맴돈다. 왜냐면 아버지는 바람 빠진 풍선처럼 그 어느 자식도 곰살맞게 다가가지 않기 때문이다. 그냥 아버지라는 이름만 존재할 뿐이다. 언제 부터인지는 몰라도 자식들 시야에서 아버지는 사라져 갔다. 나 역시 아버지를 잊고 산지 오래다.

내가 기억하는 아버지는 본인이 필요할 때만 자식들을 찾았다. 그리고 심부름을 시킨다. "TV 광고를 보니까 소화제 활명수가 좋다더라. 이번 주 주택복권 사오고, 담배도 올 때

잊지 말고 사오너라" 매번 이런 식이었다. 물론 심부름 값은 받은적이 없다. 자식들 생일이 언제인지, 지금 무슨 학교를 다니는지, 무엇을 공부하고 어떤 것을 좋아하는지 전혀 관심이 없으셨다. 그런 아버지의 모습이 내 기억의 전부다.

어쩌면 아버지의 생존방식은 일찌감치 젖은 낙엽족의 삶을 택했는지 모른다. 비가 오면 땅바닥에 바짝 달라 붙어서 빗자루로 아무리 쓸어도 떨어지지 않는 낙엽처럼 엄마 곁에서 평생을 사셨다. 잠깐 임시직 지방 공무원 생활은 했지만 빚보증을 잘못 서면서 곧 그만 두셨다. 그 빚을 엄마는 날마다 대성통곡 하며 다 갚아냈다. 이런 기막힌 사연을 어느 날 자식들이 모두 알아버렸다. 그러니 어찌 아버지를 좋아할 수 있겠는가! 부모 자식간의 인연은 어쩔 수 없다지만, 부부 사이는 상황에 따라 끊을 만도 하다. 하지만 엄마는 그렇게 하지 않으셨다. 혹시나 자식들이 사는데 걸림돌이 될까봐 꿋꿋하게 버티셨다. 엄마에게 삶의 의미는 오직 자식뿐이었다. 그런 엄마가 있었기에 한 가정이 온전히 유지될 수 있었음은 두말 할 것도 없다. 가장으로서의 남편 자리가 사라진지 오래여도 아버지는 전혀 걱정이 없었다. 주막에서 매일 막걸리 한 잔을 마실 수 있으면 그만이었다. 아무런 근심 걱정도 없이 살아온 아버지의 삶은 과연 행복했을까? 자식들에게 외면 당하는 자신의 처지가 너무도 처량하고 기가 막혀서 매일 술을 마시며 노년의 세월을 낚으신 건 아닐까? 그런 남편을 끌어 안고 평생을 살아온 엄마의 인생은 또 무엇으로 보상 받아야 하는가? 자식들은 할 말을 잃었다. 그저 악착같이 살아온 엄마의 거친 손을 어루만지면서 고맙고 안타까운 마음으로 지켜 볼 뿐이다.

그렇다면 아버지는 왜 젖은 낙엽족의 길을 택했을까? 가만히 되짚어 보면 아버지는 홀어머니가 애지중지 키운 하나뿐인 귀한 자식이었다. 그러다가 스무 살에 장가를 갔고, 철이 들기도 전에 하나 둘 생겨나는 어린 자식들과 마주하게 된다. 여전히 나약하고 느긋한 성격에 소심하기까지 한 사람이 갑자기 남편 노릇, 부모 노릇까지, 한꺼번에 감당해 내기란 쉽지 않았을 것이다. 게다가 마누라는 성격이 급하고 억척스러운 강한 여자였다. 아버지는 스스로 할 수 있는 자유의지를 찾지 못한 채 감당하기 힘든 현실을 회피했다. 그리고는 조용히 동굴 속으로 들어갔다.

그럼에도 지금까지 놓지 않은 하나의 생명줄은 있었다.

그것은 바로 복권 투자다. 매주 빠지지 않고 로또를 사 모았고 단 한번의 일확천금을 기다렸다. 지금도 아버지가 앉아 있는 쇼파 옆에는 복권 종이가 널려있다. 아버지에게 묻고 싶다. 만약 로또 1등에 당첨되면 그 돈으로 무엇을 하고 싶냐고?

사람은 누구나 존재감이 있기를 바란다. 돈이 주는 힘은 생각보다 크다. 돈만 있으면 무엇이든 해결할 수 있을 거라고 믿었던 아버지!!
그 돈만 있으면 분명히 어엿한 남편이 될 것이고, 책임감 있는 부모가 될 것이라 믿었다. 하지만 그 믿음은 빗나간 화살처럼 아버지를 점점 더 나약한 존재로 만들고 있었다.

놀랍게도 아버지는 가족 외에 다른 사람들한테는 한없이 좋은 사람이다. 친구랑 주막에서 막걸리를 마실 때면 먼저 술 값을 계산한다. 치과 치료를 갈 때도 빈 손으로 가는 법이 없다. 항상 과일봉지를 들고가 간호사에게 건넨다. 치료해줘서 너무 고맙다고!
아버지는 누구보다도 가족에게 인정받고 싶었고, 외면 당하는 처지에서 어떻게든 벗어나고 싶었을 것이다. 남편으로서, 아버지로서의 당당한 모습을 보여주고 싶은 간절함으로 로또의 길을 찾은 게 분명하다.

하지만 하늘도 무심하시지, 그런 일은 결코 일어나지 않았다. 아버지는 평생을 두고 행운의 숫자를 쫓아가는 뜬 구름 사냥꾼이었고 끝내 젖은 낙엽족 신세가 되고 말았다.

이제 자식 중 막내 딸도 오십 나이를 넘겼다. 더 이상 늙으신 아버지께 그 무엇도 바라는 게 없다. 단지 엄마랑 오손도손 건강하게 함께 하셨음 좋겠다. 이제 그만, 로또는 잊어버리고 그 돈으로 엄마에게 맛있는 커피 한 잔 사주라고 말하고 싶다. 엄마의 남편으로 돌아가 추운 날 따뜻한 아랫목이 되어달라고 말하고 싶다. 자식들이 바라는 것은 오직 그것 뿐이라고 전하고 싶다. 이제는 젖은 낙엽을 훌훌 털고 햇빛 속으로 걸어 나오라고 말하고 싶다.

곧 계절이 가을을 지나 겨울로 달려갈 것이다. 아버지의 삶 또한 겨울 끝자락 마지막 잎새와 같다. 그 잎새를 붙잡으며 놓지 않으려 애쓰는 모습이 한없이 쓸쓸하고 안타깝다.

나도 30년 후면 지금의 아버지와 같은 나이가 된다. 야멸차게도 늙음은 누구에게나 운명처럼 다가온다.

그 늙음을 앞에 두고 질문을 던져본다.
'애처롭게 매달리며 살아 갈 것이냐?
 떳떳하게 준비하며 살아 볼 것이냐?'

누구나 똑같은 길을 갈 수는 없다. 아버지이지만 같은 아버지일 수 없고, 남편이지만 같은 남편일 수 없다.
모든 사람은 저마다의 발걸음으로 살아가기 때문이다. 자신이 선택한 그 길은 정해진 것이 아니라 스스로 찾는 것이다. 아버지는 가족에게서 받아야 할 사랑을 다른 사람의 관심으로 채우려 했다. 그렇지만 어느 곳에서도 자신의 존재감을 찾을 수는 없었다. 썰렁한 거실 바닥에서 로또 숫자를 맞추는 삶도 나름의 철학이 있었겠지만 아버지가 진정으로 원하는 길은 아니었으리라.

언제나 선택은 자신이 한다. 내가 가는 인생길에 넘기 힘든 방지턱을 만난다 할지라도 그것 또한 나의 인생이다.
아버지는 아내를 끔찍하게 사랑했으나 좋은 남편은 되지 못했다. 좋은 아버지가 되고자 했으나 자식들은 알아주지 않았다. 가수이자 작가인 김창완은 자신의 에세이집에서 '찌그러져도 동그라미 입니다'라고 말한다. 아버지는 자신의 길을 찾지 못해 찌그러지긴 했지만 지금부터라도 아버지의 동그라미를 만들어 나갔으면 좋겠다.

나에게 있어 아버지는 오래 전에 희미해졌지만 그 존재는 무엇과도 바꿀 수가 없다. 왜냐면 세상 밖으로 나를 숨쉬게 해 준 유일한 사람이니까. 아버지라는 존재, 그 자체가 커다란 의미이고 하늘이 주신 축복이니까.

지금의 아버지를 안쓰럽게 바라보는 한 사람, 바로 엄마다. 그런 엄마가 간절히 원하는 것은 한겨울 새벽 바람에도 조용히 가족을 위해 아궁이에 불을 지피던 아버지의 옛 모습이다. 그때의 자상한 아버지로 돌아오기를 손꼽아 기다린다.

이제 곧 낙엽이 잠들고 나면 그 위로 차디찬 눈꽃이 내려앉을 것이다. 올 겨울에는 엄마의 바람대로 따뜻한 아랫목을 준비하는 아버지를 만났으면 좋겠다.

창 밖으로 하늘빛이 시나브로 붉은 강물처럼 짙어간다. 누군가 내게 속삭이듯 말한다.

"빛은 넘어지면서 자신의 가장 아름다운 노을을 본다."

황금빛 노을 속으로 두 얼굴이 스쳐 지나간다.
아버지 그림자 속에는 항상 내가 있었다. 낮에는 볼 수 없었던 그 흔적들이 그림자를 밀어내며 나의 동그라미가 희미하게나마 윤곽을 드러낸다.

찬바람이 불어온다.
낙엽지는 이 가을이 난 참 좋다.

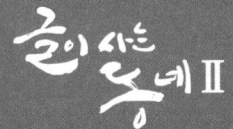

해우소

채움과 비움.
채움이 성장이라면 비움은 숙성이다.
미래의 나를 모르기에
먼저 배우고 익히고 받아들이는 과정이 필요하고
그로 인해 몸도 마음도 정신도 성장한다.
하지만 성장의 한계에 부딪히는 순간이 다가왔을 때
지나온 과정을 돌이켜 보며
성찰과 반성의 시간을 통해 채운 것을 숙성시킬 필요가 있다.

(본문 중에서)

최수련

무더운 여름날
더위를 식히는 소낙비는
지친 하루의 땀방울을 씻어내는
자연의 선물일 것이다.
바쁜 일상에서 잠시 물러나,
글을 쓰는 순간은
마치 그 소낙비처럼
마음을 식히고
나 자신을 되돌아보게 한다.

최수련

연필의 변태
해우소
왕은 편애하지 않는다
옥자씨, 안녕하십니까?
너 자신을 알라

연필의 변태

변태란 뭔가 완벽히 탈바꿈한 상태다. 근본은 같을지 몰라도 기능과 모양은 처음과 전혀 달라 변화 전후의 연관성을 알아볼 수 없다. 과정을 지켜보지 않은 다음에야 어떻게 번데기가 나비가 된다는 것을 믿을 수 있을까 상상해 보라. 쭈글쭈글하고 흉측한 주름이 어느 날 꽃 몽우리 위를 날개 짓을 하며 알록달록한 색상을 뽐내는 것을 보면 그 경이로움에 감탄을 금치 못한다.

내 책상 언저리엔 흩어진 나뭇가지를 꽂아 놓은 양 엉성한 연필꽂이가 있다. 늘 그 자리를 지키고 있어 이제는 무명의 지키미가 되어버린 것 같다. 하지만 그렇게 오랫동안 내 곁에 있을 수 있음은 뭔가 특별함이 있지 않을까 생각해 본다.

그 특별함이란 연필이 단지 연필로만 머물지 않고 지금 보이는 것 너머 또 다른 세계로 인도한 길잡이로서의 역할이 있었기 때문이다.

그 세계는 책꽂이 한쪽에 쌓여 있는 노트들이다. 노트 한 장, 한 장엔 연필의 역사가 고스란히 담겨 있다. 굵직하고 힘차게 써 내려간 필체, 가늘고 연약하게 써 내려간 필체, 힘겨움에 억지로 쓴 필체 등 상황에 따라 이런저런 모습으로 다양하게 펼쳐진다. 누군들 편하게 세상살이하고 싶은 마음이 없을까마는 연필은 온갖 어려움과 고초를 겪으며 그 순간의 모습을 남긴다.

때로는 부러지고 나뒹굴기도 하고 구석진 곳에서 오랫동안 묵상해야 할 때도 있다. 어쩌면 제모습이 맘에 안 들어 지우고 또 지우고 새롭게 덮어써야 할 때도 많다. 그리고는 작고 초라한 모습으로 책상 위를 맴돌다 홀연히 사라진다.

연필이 소모되고 작아져서 제 모습을 잃어 가지만 결코 사라진 것이 아니다. 노트에 담긴 글씨로 변태를 했을 뿐이다. 번데기가 나비가 되어 세상을 자유롭게 날아다니듯 연필은 노트 속의 글씨가 되어 세상에 의미 있는 흔적을 남긴다.

　우리의 삶도 이와 같은 변태 과정을 거치는 것이 아닐까. 연필이 제 살을 깎는 아픔을 견뎠을 때 연필로 남는 것이 아니라 글이라는 기록으로 탈바꿈하여 진정한 연필로 재탄생하듯 우리의 삶도 현실에 머무는 것이 아니라 자신의 틀을 털고 마주하기 힘든 새로운 현실을 마주할 때 존재의 의미가 실현된다.

　지우고 새로 써야 하는 현실을 연필은 묵묵히 받아들이고 때로는 외롭게 오랜 시간을 기다린 끝에야 글로서 완성되듯 삶도 시행착오라는 과정에서 반성과 성찰로 변화, 발전해야 하며 때로는 때가 올 때까지 기다리는 인내가 있어야 꿈이 현실이 된다.

　이러한 삶의 변태는 어느 날 갑자기 이루어지지 않는다.

삶에는 많은 고난과 역경들이 그림자처럼 따라다닌다. 육신의 한계, 마음의 상처, 주변의 환경이 현재라는 소용돌이를 벗어나지 못하게 하는 경우도 많고, 과정의 성취에 만족하여 나아갈 동력을 상실한 채 정체된 경우도 많다. 이렇게 내 안과 밖에선 변화를 가로막는 장애물들이 우후죽순처럼 돋아난다.

젊은 시절 무의미한 삶으로 생을 마감한다는 것이 너무 허무하다고 생각했었다. 무언가 나만의 존재감이 있을 거란 기대를 하며 열심히 고뇌한 날들이 있었다. 어두운 밤의 촛불처럼 세상을 밝히는 빛이 되면 좋겠다라는 생각이 들던 어느 날 지금 이대로 머물고 있으면 안 된다는 마음이 들었다. 세상을 밝히고 나눌 수 있는 것을 위해 열심히 공부하고, 전문 분야를 파헤쳐보고, 호흡수련에 집중하며 나의 존재감을 찾아보고자 했었다. 꿈과 희망을 품고 나비가 되려고 종횡무진하였던 것이다.

세상을 밝히는 빛이라고 해서 특별한 재능과 능력의 소유자가 되어야 한다는 것은 아니다. 내 삶의 노력이 누군가를 위해 세상을 위해 도움이 되면 되는 것이다. 발전소에 근무하는 엔지니어로서의 내 업무는 이론보단 실무경험이 중요 하다. 그래서 경험에 이론을 어떻게 조화시키느냐가 발전설비 수명의 관건이 된다. 내 뒤를 잇는 누군가에게 그간의 축적된 내 노하우가 도움이 되면 좋은 것이다. 호흡수련도 마찬가지다. 어느 날 호흡수련을 시작하며 나의 경험이 누군가의 시행착오를 줄이며 도의 깊은 세계로 인도하는 안내자가 되면 좋겠다는 생각이 들었다. 가장 나다운 자신이 되어 내 것을 나눌 수 있는 것이 세상을 밝히는 빛이라 생각했다.

시간이 훌쩍 지난 지금 마음 한구석에선 그동안 살아온 노력과 성과에 보상이라도 바라듯 지금 누리고 있는 것에 만족하려고 한다. 부지런히 움직이는 것이 무슨 의미가 있을까라며 의문을 품기도 하고 때로는 현실이 주는 오감적 쾌락에 빠져 하루하루를 보내고 싶을 때도 많다. 육신의 노쇠가 원인일까 이런 내 안의 변화를 가로막는 장애물들이 자꾸만 늘어가고 있다.

그뿐만이 아니다. 요즘은 모임에 가면 흔하게 듣는 소리가 이제는 즐기고 누리고 살아야 한다고 충고 아닌 충고를 들게 된다. 건강에는 뭣이 좋고, 어딜 가면 무엇이 즐길 수 있는지 말하며 지금 뭔가를 시도하는 것은 너무 늦었다고 핀잔을 준다. 다들 맞는 말인데 종합해 보면 이제 그만 멈추고 지금의 모습에 만족하라는 이야기다.

지금 내가 가장 필요한 것은 현실적 유혹에 현혹되지 않아야 하는 것이다. 초심으로 돌아가 이루고자 했던 목표를 다시 한번 떠올려 보는 것이다.

밝게 빛나는 존재.
세상에 빛을 나눌 수 있는 존재.
그런 자신이 되었는지를 자문해 본다.

연필꽂이의 연필이 나를 보며 한마디 건넨다.
지금의 나로 남을 것인지 변태로 탈바꿈한 빛으로 남을 것인지..

연필이 글이 되어 남듯 삶은 빛이 되어 공간에 남는다. 그 빛은 누군가의 밝음이 되고 안내자가 되어 존재의 의미를 다한다. 그렇게 육신이 빛이 되어 세상을 향해 자유롭게 퍼져나갈 때 삶의 진정한 변태가 이루어지는 것이 아닐까.

해우소

나뭇잎이 점점 짙어지는 계절이다. 때 이른 추석이 갓 지나가고 논두렁엔 벼 이삭이 누렇게 익어가고 있다. 이맘때면 말글반은 연례행사로 문학기행을 간다. 말과 글을 누군가는 삶의 거울이자 나침판이라고 했다. 교실에 앉아 자신을 성찰하고 가치 있는 삶을 찾기 위해 고심하는 말글반을 두고 한 표현일 것이다. 그런 회원분들이 그동안 머리를 조였던 고심을 내려놓고 자연이 주는 해방된 공간에서 무심으로 삶을 관조하는 시간이다.

오늘의 목적지는 포항 김달국 작가님 자택이다. 매년 한 권의 책을 내기로 정평이 나 있는 그분은 유쾌한 삶 연구가로 일상의 통찰을 통해 간결하지만 깊은 울림이 있는 작가로 유명한 분이다. 소문으로 듣고 사진으로 보았던 그곳은 이름 모를 꽃들이 무성하고 울창한 숲으로 둘러싸인 전원주택이라고 한다. 도심을 벗어난 고요한 정원임을 상상하게 했다. 어쩌면 작가님의 내공을 그곳에서 발견할지도 모른다는 기대와 설래임이 앞서기도 했다.

도심지를 벗어나 좁은 숲속 길을 들어서니 좀 전까지 펼쳐졌던 아파트 밀림은 온데간데없이 사라지고 우거진 숲과 나무가 일행을 품는 것 같다. 굽은 길을 따라 얼마쯤 지나니 초록의 숲속에 하얀 벽체의 전원주택이 시원하고 깔끔하게 자리 잡고 있다. 집주변은 화단과 잔디밭으로 잘 정리되어 있고 가을을 담은 꽃들이 여기저기 피어있어 주택은 더 돋보였다.

집주변을 둘러보던 중 작은 팻말이 눈에 띄게 들어온다. '해우소'란 표지가 정원 옆에 나지막이 꽂혀 있는 것이 아닌가. 이런 근사한 전원주택에 저런 것이 있다니 참 의외라는 생각이 든다. 그런데 자꾸 궁금해진다. 어릴 적 들락거렸던 냄새 나는 그곳이 연상되며 이곳은 어떤 곳일까라는 궁금증이 일어났기 때문이다.

　문학기행은 각자 흩어져 자기만의 생각 속에 빠져보는 시간이다. 대숲을 거닐어 보고, 오솔길을 발 닿는 대로 옮겨 보고, 운치있는 의자에 앉아 시원한 바람을 맞아보며 평소에 느낄 수 없었던 여유를 느낄 수 있어서 좋았다. 그 여유가 나를 해우소로 안내하는 것 같다.

　팻말을 따라 해우소 앞에 서니 흰색의 양철문이 적당히 벌어진 채 닫혀있다. 덜커덩거리는 소리가 꼼꼼히 지어지지 않았음을 말해준다. 바닥은 듬성듬성 벌어져 바람이 숭숭 통하고 지린내가 시원한 바람에 섞여 사라진다. 앞쪽은 파란 하늘과 나뭇가지가 보이는 작은 창이 있어 해방감을 맛보게 한다. 좌변기에 앉아 지린내 나는 공간을 둘러보며 모든 것이 헐렁하다는 기분에 옥죄었던 현실에서 벗어나는 기분이 들어 마냥 좋기만 하다.

　해우소란 근심을 풀어내는 곳이란 의미다.
몸에 싸인 찌꺼기만 풀어내는 곳이 아니라 마음에 쌓인 근심도 풀어낸다는 의미에서 선조들의 지혜가 엿보인다. 아마도 비움이 삶에서 중요함을 비유적으로 표현하였을 것이다.

 삶은 채움의 연속이다. 생존을 위해 삼시 세끼 먹어야 하고, 배움을 통해 지식을 채워야 하고, 성공이란 정상을 향해 업적을 쌓아야 한다. 채움을 통해 자신이 살아 있음을, 성장하고, 존재하고 있음을 느끼게 하기에 그 필요성을 굳이 설명할 필요가 있을까.

 하지만 채움만으로는 내가 원하고 필요한 것을 모두 해결할 수는 없다. 채움에는 언제나 비움이 뒤따라야 한다. 마치 음양의 이치처럼 채움과 비움이 상존하는 게 세상의 이치다.

 뱃속의 음식은 소화를 거친 후 몸이 원하는 만큼 영양분을 흡수하면 나머지는 버려야 하고, 삶의 지식은 지금의 나를 만들지만 때가 지나면 잊을 수 있어야 하고, 일상에서 접한 존재와 환경은 무수한 감정의 소용돌이 속으로 빠지게 만들지만, 그곳을 벗어났을 때는 비울 수가 있어야 한다.

 채움이 성장이라면 비움은 숙성이다. 미래의 나를 모르

기에 먼저 배우고 익히고 받아들이는 과정이 필요하고 그로 인해 몸도 마음도 정신도 성장한다. 하지만 성장의 한계에 부딪히는 순간이 다가왔을 때 지나온 과정을 돌이켜 보며 성찰과 반성의 시간을 통해 채운 것을 숙성시킬 필요가 있다. 그것은 채운 것을 정리하고 체계화해서 새로운 공간을 만드는 작업이다.

비움은 빈 공간을 만드는 작업이다. 빈 공간을 만들기 위해선 소통이 잘되어야 한다. 소통이 잘 되기 위해선 듬성듬성 틈들이 많아야 한다. 그 틈 사이로 불필요한 것들을 흘려보낼 수 있어야 한다.

틈이란 무엇일까. 삶에서 틈이란 휴식과 여유, 성찰과 관조를 통한 내려놓음일 것이다. 찌든 때처럼 나를 잡고 있는 것들은 무엇일까. 아무래도 고착화된 고정관념들이 아닐까 생각해본다. 직업의 귀천을 논하고, 사람의 겉모습을 보고 판단하고, 지레짐작으로 앞날을 운운하는 등 한두 가지가 아니다. 이런 고정관념들이 나를 얽매고 있음을 깨닫게 된다.

해우소의 빈틈처럼 나의 지식이 옳다고 고집하는 것이 아니라 아닐 수도 있다는 관점의 변화를 가질 필요가 있다. 지식을 손아귀에 움켜잡는 것이 능사가 아니라 상황에 따라 내려놓을 수 있는 유연함이 필요하다. 옳고 그름, 맞고 틀림이 결정지어지는 순간 한 발 뒤로 물러나 새롭게 성찰과 관조의 자세를 취할 필요가 있다.

이렇게 빈틈으로 불요한 것들을 흘려보내면 새로운 공간이 만들어진다. 그 공간이 나를 새롭게 할 것이다. 꿈과 희망, 도전과 시도를 통해 변모해갈 나 자신을 만드는 공간일 것이다.

해우소가 나를 깨닫게 한다. 채우기 위해서는 비워야 한다고, 비움에는 빈 틈들이 많아야 한다는 것을..

왕은 편애하지 않는다

 조선왕조 연산군 재위시절 개국공신과 왕의 친인척을 중심으로 한 훈구파와 지방의 중소지주 사대부 출신의 사림파가 정치적 대립을 하였다. 대립의 이유는 사대부 출신의 정계 진출 및 과도한 개혁 정치와 그에 대립하여 온건정치를 유지하려는 훈구파와의 정치 이념이었다. 1498년 연산군 재위 4년 성종실록 편찬에 원고가 된 사초(史草)중에 '조의제문(弔義帝文)'의 불충분함이 명분이 되어 훈구파가 사림파를 숙청하는 사건이 있었다. 이름하여 무오사화이다. 명분은 조의제문이지만 근본 원인은 사림파의 지나친 세력 확장에 불만을 품은 훈구파의 반격이었다. 물론 이 사건의 중심에는 연산군이 훈구파를 지지하면서 발생된 사건이었다.

이렇게 조선시대는 정치세력의 정쟁과 왕의 특정 세력을 옹호하면서 여러 사화를 겪게 되었다.

 이 사건을 계기로 연산군은 왕위를 빼앗기고 뒤를 이어 중종이 왕위에 오르게 되었다. 물론 나라는 혼란스럽고 백성은 힘든 삶으로 이어졌다.

 왕이란 어떤 존재인가.
고대시대 왕은 한 나라의 군주로서 절대권력을 가졌다. 요즘식으로 말하면 입법 행정 사법을 총괄하였고 그 권한은 절대적이며 대대로 세습되었다. 그래서 그 권한은 하늘로부터 부여받은 것이란 말로 통하기도 한다.

 왕이 갖는 권력이 절대적이라고 해서 마음 내키는 대로 권력을 휘두르며 남용한다는 뜻은 아니다. '수신제가치국평천하'란 말이 있듯이 먼저 스스로의 품성을 갖추는 것이 우선이었다. 그런 연후에 나라를 다스릴 신하를 들이고 백성을 이끌었다. 준비되지 않은 왕의 최후는 언제나 나라의 혼란을 가져왔다.

그래서 인과 덕으로 백성을 사랑하고, 힘듦을 덜어주는 아량을 가져야 했으며, 스스로의 청렴함으로 법과 원칙을 지킬 수 있어야 했으며, 공정함을 원칙으로 나라를 이끌어 갈 인재를 등용하는 것에 소홀함이나 경솔함이 없어야 했다.

이 중에서도 부국강병을 지속적으로 유지시키기 위한 조건이라면 우수한 인재를 등용하는 것과 담당 부서의 적임자를 찾아 필요한 관직을 맡기는 일일 것이다. 그래서 과거제도라는 큰 행사를 치렀으며 자질과 능력을 평가하기 위한 기구를 두기도 하였고 별도 토론을 통해 소양을 시험하기도 하였다. 당연히 왕은 정치적 논쟁에 치우치지 않았고, 개인적 사심을 내려놓은 채 유능한 인재를 등용하기 위해 노력에 노력을 기했다.

이렇게 왕의 품성을 굳건히 지켜낸 시대는 정치적 안정을 이루었고 백성의 입에는 노랫소리가 들리는 태평성대가 이어졌다. 그렇지 못한 시기에는 왕조가 위태로워 외세의 침략을 받거나 망국의 길을 걷기도 하였다. 세종대왕은 청렴함과 공정함으로 치세를 하였고, 한글창제와 과학기술을 발전시켜 북국강병을 이룩하였다. 반면에 선조는 리더십의 부재로 부패와 당파싸움을 막지 못하였고 전쟁 준비의 소홀함으로 외적의 침략과 내부 혼란에 휩싸여 망국의 위기에 처하기도 하였다.

동서양을 막론하고 지난 수천 년의 역사가 이를 증명하였다.

지금 우리는 왕이 없는 시대에 살고 있다. 왕은 없지만 그들이 이룩한 태평성대, 부국강병의 기억은 남아있고 그런 나라가 되기를 갈망한다. 세상은 어지럽고 뚜렷한 방향성이 없어서 더욱 그렇다고 생각된다. 요즘의 정치를 보며 온고이지신의 마음으로 왕이 없는 시대에 나라의 일꾼을 어떻게 선출해야 하는지를 생각해보게 된다.

대한민국 헌법 1조 2항에 "대한민국의 주권은 국민에게 있고, 모든 권력은 국민으로부터 나온다"라고 되어 있다. 권력과 주권이 국민으로부터 나온다 함은 왕에게 부여된 모든 힘이 국민으로 이전되었음을 의미한다. 국민이 나라의 주인이고 모든 결정의 원천임을 말하는 것이다. 어떤 권력도 국민의 의지 없이는 정당성이 부여될 수 없다는 의미이다.

그 권위는 여론과 투표를 통해 드러난다. 여론은 시대의 흐름을 논의와 합의를 통해 정치적 결정과 정책에 반영시키게 한다. 투표는 나라를 이끌어갈 인재를 뽑는 행위로 행정의 수반인 대통령과 입법을 제정하는 국회의원을 선출하며 지역 살림을 꾸려가는 시장, 시의원을 선택한다.

나로부터 시작하는 주권과 권력이 경미하거나 가볍지 않음을 깨닫게 하는 대목이다. 나라의 흥망성쇠를 판가름하는 막중함이 나로부터 시작된다는 의미를 깊게 성찰하고 받아들여 그에 합당하게 실천해야 할 부분이다.

요즘 나라의 일꾼들은 여와 야, 보수와 진보, 신과 구세대로 나누어 대립하고 있다. 때로는 서슴지 않고 상대를 비방하고 무시하고 자신의 권력을 남용하려고 한다. 나라의 앞날 보다는 자신의 이해득실에 전전긍긍하는 모습을 종종 보곤 한다. 그러다 보니 양심과 상식보다는 이해타산에 의해 법을 해석하고 문제를 해결하려는 모습이 비도덕적으로 보일 때도 많다.

이런 어지럽고 복잡한 상황을 바로잡기 위해 어디에서

해결책을 찾아야 할까. 현실적 해결책은 법률적 판단이겠지만 근본적 해답은 국민의 여론과 주권 행사에 있으리라 생각된다.

이제 우리 각자는 헌법에 명시한 주권을 깊게 생각해 볼 필요가 있다. 왕조국가에서 민주국가로 변화되었음을 인식하며 나라의 흥망성쇠가 우리 손에 있음을 알아야 한다. 왕의 권위가 모든 국민에게 이전되었음을 상기하며 어떤 마음가짐으로 어떤 선택과 결정을 해야 하는지 고민해야 한다.

먼저 각자의 주권에 대해 깊이 성찰해야 한다. 작은 도랑물이 모이고 모여 큰 대하를 이루면 그 흐름을 누구도 바꾸지 못하듯 우리의 작은 여론과 선택이 모이고 모이면 거대한 흐름이 되어 시대를 이끌어 갈 수 있기 때문이다. 그 여론과 선택이 큰 물결이 되고 흐름이 되기 위해선 내 안의 공평무사함을 갖추는 것이 중요하다. 옛 왕조들이 이를 실천하지 못해 쇠퇴한 사례가 적지 않았다.

공평무사함이란 선입견과 편견을 내려놓고 있는 그대로의 진실을 보고 판별하는 능력이다. 나의 친척이라고, 지인이라고, 같은 지역구라고, 같은 학군이라고 하는 관점은 대표적인 선입견이고 이런 선입견이 올바른 판단이 아니라 왜곡되고 편협한 판단을 낳는다.

팔이 안으로 굽는다고 하였듯이 관점을 특정 당이나 단체에 두고 옹호하게 되면 나의 판단은 왜곡될 수밖에 없다. 요즘도 어느 지역의 특정 당은 선거후보만 되면 자질에 관계 없이 당선된다고 한다. 주권자가 주권을 내려놓았고 공평무사함을 잊고 추종하는 모습이라 생각된다.

공평무사함을 갖기 위해선 먼저 객관적 시각을 갖추어야 하고, 열린마음으로 상대방을 경청해야 하며. 비판적 사고로 상대방의 능력을 평가해야 하며, 타인에 대한 존중과 배려가 있어야 한다.

다음으로는 나라의 일꾼을 선택함에 있어 출마자의 자질을 보는 혜안을 가질 필요가 있다. 기분과 감정이 아닌 공평무사함으로 당사자의 지혜, 신뢰성, 책임감 등을 볼 줄 알아야 한다.

첫째로 출마자 역시 올바른 국가관과 미래관을 세우고 있는지 확인해야 한다. 국가의 발전과 안정은 정치인의 비전과 정책 그리고 실천에 따라 좌우됨을 지난 역사를 통해 알 수 있었다. 자유화, 근대화, 민주주의 발전이 그 예일 것이다.

둘째로 조직을 잘 이끄는 리더쉽이 있는지 확인해야 한다. 예전과 달리 현대는 획일적인 지시로 조직을 이끄는 시대가 아니다. 다수의 의견을 경청하여 조정과 중재의 역할을 할 줄 아는 능력이 필요하다. 다수의 의견을 수용하되 전체가 공감할 수 있는 정책 수립을 통해 조직을 이끌 수 있는 리더쉽을 발휘하는 인재가 필요하다. 예전에는 특정 능력을 갖춘 전문가가 세상을 이끌기도 하였지만 지금은 집단지성이 무엇보다 중요한 시대이기 때문이다.

셋째로 나름의 전문성을 갖추어야 한다. 전문성이 있어야 실현 가능한 정책을 수립하고 이를 효과적으로 실천할 수 있기 때문이다. 그것은 조직의 리더쉽과도 연결되며 국민으로부터 신뢰를 형성할 수 있기 때문이다.

넷째로 윤리성을 갖추어야 한다. 나라의 일꾼이 보편적 윤리성을 갖추지 못하면 부정부패와 권력 남용으로 사회가 불안정해지고 국가의 법적 기반이 약해져 민주주의를 훼손시킬 수 있기 때문이다. 무엇보다 국민을 섬기고 국민의 여론을 경청하며 소통하는 자세로 헌신과 책임감 있는 자세가 필요하다.

교육을 백년지대계라고 했듯이 인재 등용 또한 그렇지 않을까 한다. 우리의 주권이 나라의 백 년을 좌우할 큰 영향력이 있음을 잊지 말아야겠다. 공평무사함으로 나라의 인재를 선택한다면 우리의 미래 그리고 우리 후손의 미래가 희망으로 가득 차고 개인의 존엄과 행복이 보장받는 아름다운 세상이 될 것이다. 그런 세상을 위해 왕의 마음을 담아보는 것은 어떨까?

옥자씨. 안녕하십니까?

부르르르…부르르르…
폰에서 진동이 울린다. 낯선 번호다.
요즘 워낙 광고 전화가 많아 받을까 말까 망설이다 혹시나 하는 마음에 받았다.
"혹시 석옥자씨 자재 분 아니신가요?"
갑자기 긴장되어 "네. 맞습니다. 그런데 누구시죠?"
"아! 다름이 아니라 같은 동네 사는 이웃인데 어머님이 몸이 안 좋으신 거 같아요."
"어떻게 안 좋다는 거죠?"
"저기~ 얼마 전에 어머님을 찾아 뵙는데.. 다름이 아니고 치매 현상이 있는 것 같아요. 시장에서 돈 가방을 잊어버리고 찾아 달라고 하셨는데 몇 번 그러셨어요. 요즘 들어 어머님 댁을 찾아가면 잘 기억을 못 하는 것 같기도 해요.. 한 번 아드님이 병원에 모시고 가보시는 게 좋을 것 같아요..”

"그러신가요. 아무튼 알려줘서 고맙습니다. 제가 찾아뵙도록 할게요.”

……

많은 생각이 오갔다. 설마 이런 일이 일어날 줄은 상상도 못 했다. 아직 내가 보지 못했으니 속단할 일은 아니다. 하지만 마음의 준비는 해야 한다. 연세가 연세이니만큼 아니라고 부인할 수도 없는 노릇이다.

오래전에 늙어도 치매는 걸리지 말아야 하는데 라며 티브이 드라마를 보며 넋두리처럼 내뱉던 말이 기억난다. 요즘 평균 수명이 늘어나고 노인 인구가 많아지면서 이구동성으로 걱정하는 말이다. 현대 의학이 발달했다고는 하지만 아직 치료법을 찾지 못한 난치병이 아닌가. 걱정과 착잡한 마음으로 휴가계를 내며 앞으로 일어날 일들을 짚어보았다.

부모님 댁을 방문하니 예나 지금이나 한결같이 반갑게 맞아주신다. 겉모습은 특별히 변하지 않은 것 같다. 다만 몸은 전보다 왜소해진 것 같고 눈에 총기는 떨어진 모습이다. 따뜻한 밥상을 차리고 된장찌개에 반찬을 내며 먼 길 오느라 얼마나 힘들었냐며 어서 먹으라고 재촉한다. 약간의 안도감 그리고 고향집에 온 푸근함에 절로 기분이 누그러지고 평온함이 찾아왔다.

차를 타고 오며 티브이에서 치매 환자 관련 방송을 본 것을 떠올려 보았다. 소리 지르고 난폭하게 행동하고 사람도 알아보지 못하는 통제 불능의 모습이다. 기억의 파도를 오르내리며 옆에 있는 사람을 당황하게 하는 것이 마치 지킬 박사와 하이드씨를 연상케 했다. 감정 조절을 못 하고 불안과 초조로 욕설을 퍼부으며 자신을 있는 그대로 드러내는 모습에 놀람과 걱정, 불안감이 들었었다.

설마 그 정도는 아니겠지라는 걱정이었는데 걱정으로 끝나 천만다행이다. 이런저런 이야기를 해보니 아직 인지력이 떨어진 것은 아니고 말도 어눌하지 않다.

그런데 한가지 눈에 띄는 것이 있다. 차 타고 오면서 전화를 했었는데 기억을 하지 못한다. 분명 몇 시까지 간다고 했으니 그때쯤에 문 열어 놓고 기다렸어야 하는데 그렇지 않았다. 내가 오고 있는 것을 잊은 것이다. 단지 아들이 와서 반가운 것이지 몇 시간 전부터 기다린 내색은 없다. 가만히 생각해보니 경주에서 출발하며 전화를 하면 가는 내내 어디까지 왔는지 몇 번이나 전화를 하셨던 분이다. 그런데 이번에는 한 통의 전화도 없었다. 오히려 내가 중간에 전화했을 뿐이다. 단기 기억이 크게 감퇴하고 있는 것이다. 또 다른 점은 요즘 도통 안부 전화를 안 하셨다. 평소 1주일에 한 번 정도 전화를 하였는데 뚝 끊어진 지가 몇 달 되었다. 그사이 궁금해서 내가 전화했을 뿐이다.

시골집에 오면 동네의 모든 일은 어머니로부터 들었다. 농사는 어떤지, 누구집 자식들은 어떤지, 우리집을 찾아온 방문객들은 누군지 등.. 줄줄이 풀어놓으면 난 그에 맞게 맞장구를 쳤다. 그러면 기분 좋은지 자신의 의견을 곁들여 이러쿵저러쿵 시간 가는 줄 모르고 이야기를 이어가셨다. 그런데 오늘은 예전과는 다르다. 내가 동네 일들을 물어도 잘 모르겠다고 답하신다. 집에 누가 왔는지 물어도 요즘 아무도 없었다고 하신다. 보아하니 말수가 많이 줄으셨다. 몇 마디 안부와 손자들 소식만 묻고는 멍하니 티브이만 보고 계신다. 내가 옆에서 말을 걸어야만 그제서야 이야기를 하는 데 짧고 단순하다. 그리고 '모르겠다.'라는 말을 자주 하신다.

어머니에게 평소에 그렇게 걱정하던 치매가 오고 있는 것일까. 정작 자신은 모르면서 그 길을 가고 있는 것일까. 여든을 넘긴 삶의 흔적을 지우고 있는 것일까. 부유한 부자집의 딸로 태어났지만 시집온 후로 강원도 시골의 척박한 땅을 일궈가며 자식 뒷바라지하느라 한평생을 채운 분이다. 농사자금이 없어 전전긍긍했고, 학자금이 모자로 노심초사로 마음을 애태웠던 날들이 많았다. 나들이는 물론 변변한 옷 한 벌 못 해 입으시며 살아온 분이다. 아마 그런 힘든 삶의 기억을 내려놓고 싶은지 모른다.

병원에서 진단 결과 초기 치매현상이라고 한다. 설마가 현실이 되어버린 지금이다. 되돌릴 수 없고 마주하기 싫은 현실이지만 맞닥뜨려야 한다. 그리고 앞으로의 일들을 생각해야 한다.

내가 할 수 있는 것은 무엇일까.
무엇보다도 지금의 상태에서 더 나빠지지 않게 유지하는 것이다. 더 이상 진행되지 않도록 하는 것이 최선의 방법이라고 의사 선생이 조언하신다. 그렇게 하려면 가까이에서 보살펴야 하는데 멀리 타향살이를 하는 현실은 그럴 수가 없다. 안타깝고 측은함이 마음을 무겁게 할 뿐이다.

이후 틈틈이 시골에 전화를 거는 것이 일상이 되었다. 안부를 묻는 것도 한 이유지만 그보다는 어머니의 기억을 조금이라도 잡아두기 위해서다. 약을 먹는 것보다 더 필요한 것이 그동안 살아온 기억을 끊임없이 떠올리며 삶을 송두리째 놓아버리지 않게 해야 하기 때문이다.

뚜르르릉.
〉〉여보세요.
저예요. 식사는 했어요?
〉〉누구냐. 정재 아범이냐, 이제 밥 먹고 쉬고 있다.
무슨 반찬 먹었어요?
〉〉된장찌개랑 김치랑 해서 먹었다.
된장찌개 먹고 싶은데 어떻게 끓이면 돼요.

〉〉냄비에 물 적당이 넣고 된장 풀어서 무 넣고 호박 넣고 나중에 두부 적당히 넣고 끓이면 된다. 그리고 이런저런 양념에 대한 것과 불 조절에 관한 이야기를 이어가신다.

이런 익숙한 내용에 대해선 흥이 나셔서 힘있게 말씀하신다. 오전에 누군가 다녀간 것에 대해선 잘 기억 못하면서 삶에 익숙한 것에는 그렇지 않은 것이 그나마 천만다행이다. 내가 해줄 수 있는 것은 그런 것들이다. 이틀 후에 전화드려 같은 내용을 물으면 처음 알려주는 것처럼 늘 새롭게 말씀해주신다. 마음이 무겁고 안타깝지만 이것이 최선이란 생각에 이런 류의 비슷한 이야기를 반복하게 된다.

시간 날 때마다 인터넷을 검색하기도 하고 도서관을 찾아 원인을 알아보기도 한다. 아직 근본적 원인은 발견되지 않은 것 같다. 다만 뇌세포가 점차적으로 손상되어 기억력과 사고능력이 저하되는 현상만을 알뿐이다. 요즘 방송매체에선 노화와 함께 우리에게 가장 걱정과 우려를 동반하는 성인병이라고 말하곤 한다. 남의 이야기처럼 들리던 치료법이니 예방법이니 하는 것들이 이제는 예사롭지 않게 어머니의 모습과 연결되어 진다. 하지만 완벽한 해결책이 없다는 것과 누구에게나 올 수있다는 현실에 걱정만 더할 뿐이다.

조금 전에 들고 다니던 그릇을 어쨌냐고 물으면 당황한 표정으로 쳐다보는 것을 자주 보곤 한다. 최근에 일어난 일이나 대화를 잊어버리는 것이 일상이 된 것 같다. 누군가와 긴 대화도 어렵고 어떤 일에 대한 판단, 선택도 어려운 것 같다. 다행인 것은 감정 조절을 못해 불안 우울 의심 등으로 난폭한 성격을 여과 없이 드러내지 않는다는 것이다.

어릴 적 손주들이 와서 할머니 생일 파티를 했던 기억이 나냐고 물으면 환하게 웃으며 기억이 난다고 한다. 그러면서 어떻게 지내는지 보고 싶다고 한다. 익숙한 것들, 아름다운 추억, 가까운 지인들이 아직까지 어머니의 기억 속에 있다.

옆에서 그런 어머니의 모습을 보면 치매환자란 추억이라는 기억 속에 사는 존재이구나를 생각하게 된다. 지금이라는 현실은 그저 삶을 지탱하는 그림자일 수밖에 없음을 느끼게 되기 때문이다. 옆에서 내가 할 수 있는 것은 행복했던 어머니의 추억을 수시로 끄집어내어 세상과 이어주는 것이다. 어머니가 여전히 삶의 아름다움과 의미를 되새기며 미소 짓고 즐거워할 수 있도록 말이다.

난 오늘도 어떤 이야기로 추억을 돌이킬지 고민하며 전화번호를 누른다.

너 자신을 알라

일상에서 가끔 분에 넘치는 이야기를 하면 이구동성으로 '너 자신을 알라'고 우스갯소리를 할 때가 있다. 자신의 처지를 생각하며 잠시 겸손해지는 것을 보면 단순한 말 한마디의 효과는 큰 것 같다.

이 말은 2500년 전 고대 그리스 철학자 소크라테스가 한 말이라고 한다. 아폴로 신전에 새겨진 명언으로 오늘날까지 많은 철학자와 지식인들 사이에 회자되고 있다.

단순, 간결하기 그지없는 한마디 말인데 우린 쉽게 그 답을 내릴 수 없다. 물론 답을 내릴 순 있지만 그 답이 정답이 아님을 금세 알게 된다. 피상적인 현상 이면에 다른 의미가 중첩되어 있기 때문이 아닐까 생각해본다.

중학교 시절 도덕 시간에 처음으로 이 말의 출처를 알았다. 너무 식상하고 단순하여 특별할 것 없는 말을 위대한 성인이 했다고 하니 조금은 싱겁다는 생각이 들었다. 등하굣길에 친구와 떠들다 철학자와 동격이 된 양 심심풀이로 내뱉었던 말이다. 그때 나는 나 자신을 잘 안다고 생각했었다. 우리 집은 좀 가난하고 부모님은 농사일에 늘 바쁘신 분이다. 덕분에 내 처지도 한가할 수 없었다. 세상이 호락호락하지 않다는 것을 알았고, 경쟁의 틈바구니에서 이겨야 한다는 것을 알게 되었다. 머리는 별로 명석하지 않고, 하고 싶은 것은 많고, 누군가와의 경쟁에서 지는 것은 꽤 싫어했다. 나를 둘러싼 환경과 그 속에서 해야 할 것을 아는 조금은 일찍 철든 아이였다.

20대는 젊은 혈기로 세상을 바라보게 되었다. 세상은 넓고, 사람들은 다양했고, 삶의 방식은 제각각이었다. 무엇이 두려우랴 세상과 부딪쳤지만 그리 호락호락하지 않았다. 시험에 떨어져 낙망하는 나 자신이 원망스럽고 초라해짐을 느꼈다. 이상은 높은 데 따라주지 않는 현실이 마음속에 불만의 불씨를 남겼다. 모든 게 내 맘대로일 수 없음을 실감하는 청춘이었다. 약간의 술이 위안이 되었고 어디론가 훌쩍 떠나는 것이 휴식이었던 그 순간들마다 삶은 인생무상이라고 되뇌곤 하였다.

30대는 성숙함으로 세상을 바라보는 시기였다. 가족이 있고 회사가 있고 삶은 순풍에 돛달고 나아가는 듯했다. 편안하게 안주하는 생활이 길어질수록 마음 한편엔 허전함과 공허감이 깃들기 시작했다. 나라고 하는 진정한 모습은 무엇인지, 지금의 여유와 행복이 영원한 것이지, 삶이란 무엇인지가 궁금해지기 시작했다. 많은 성현의 삶을 돌아보며 세상이 나에게 원하는 것이 무엇인지 알고 싶었다. 이대로 늙음을 맞이하고 죽음의 문턱을 맞이하는 것이 무엇보다 싫었다. 내가 알고 있는 나는 볼품 없고, 업적도 없고, 특별한 미래도 기다리지 않는다는 것에 답답했다. 자숙의 마음으로, 시작하는 마음으로, 나를 찾아보자는 마음으로 겸손해지는 시간이었다.

40대는 관조자의 자세로 세상 속의 한 존재로서 바라보았다. 갈고 닦은 업적들이 빛을 발하며 의존하지 않는 자신으로 우뚝 설 수 있었다. 높은 봉우리는 아니지만 주변과 세상을 내려다볼 수 있는 안목이 생겼다. 작은 성취감들이 쌓여가고 그동안의 노력이 작은 열매를 맺기 시작했다. 자부심을 느끼면서 한편으론 사회적 책임감도 느껴졌다. 부, 명예, 권력에 속박받은 속인이 되지 말아야지 하는 마음이 어느덧 마음 깊이 자리 잡기 시작했다. 누군가와 비교하지 않은 자신, 누군가가 알아주지 않아도 떳떳한 자신이 되어야 한다는 마음이 수행의 길로 인도했다.

50대는 삶의 숙성이 깊어지는 시간이다. 조금은 헤아릴 줄 알고, 내려놓을 줄 알고, 고집부리지 않는 넓은 마음으로 세상을 바라보고 있다. 육신의 젊음이 마냥 머물러주지 않는다는 현실을 깨닫게 되었고, 시간은 미풍처럼 느껴질 듯 말듯 미련 없이 떠나감을 느낀다. 지나온 삶의 흔적이 나의 한 부분이었음을 깨닫게 되는 순간이다. 보이는 것을 채우고, 업적을 쌓으며 살았던 삶의 흔적이 있기 때문일 것이다. 그런 것들에 조금 벗어나 내면의 평화와 존재의 본질이 무엇인지 고민하고 고뇌하는 내가 되어가고 있다. 삶의 본질적인 문제에 대해 좀 더 숙성해가는 시간이다.

'너 자신을 알라'라는 단순하지만 결코 쉽지 않은 질문에 나는 아직도 답을 찾고 있다. 왜일까? 질문이 간단하고 단순하면 답은 쉽게 찾을 텐데 아직도 찾고 있는 것을 보면 꽤 어렵고 복잡한 의미가 담겨 있으리란 생각을 해본다. 표현이 단순, 간결하였지, 의미 또한 그러하지 않음을 깨닫게 하는 순간이다.

삶은 미로처럼 얽히고설켜 있다. 그 누구도 출구를 알지 못하기 때문에 스스로 답을 찾아야 한다. 예습도 없고 복습도 없는 것이 삶의 현실이기 때문에 의문투성이고 질문의 연속일 수밖에 없다. 삶의 우물에 던져진 우리는 그 해답을 찾기 위해 허우적거려야 할지도 모른다.

2000년 전 소크라테스가 던진 말 한마디에는 다음과 같은 의미가 있지 않을까 생각해 본다.

자신의 무지를 알아야 한다는 메시지, 한계를 인정할 줄 알아야 한다는 메시지, 욕망의 늪에 빠져 진실한 자신을 못 본다는 메시지 등이 저변에 깔려있으리라 생각된다. 그런 자신을 인정하고 받아들일 때 배우고자 하는 겸손한 자세로, 쉼 없이 도전하는 자세로, 감각적인 것에 머물지 않는 자세로 삶 속에서 자신의 본질적인 모습을 찾기 위해 노력하게 된다는 의미 또한 포함되어 있지 않을까.

빙산의 일각이란 말처럼 우리는 표면에 보이는 것만 보고 쉽게 판단하는 경향이 있다. 수면 아래 보이지 않은 것이 더 크고 깊고 심오한 내용을 담고 있는데 그걸 볼 안목이 없어 중요한 것을 놓치는 경우를 종종 보게 된다. 단순함의 힘은 불필요한 것들을 덜어내고 본질만 남겨 진리에 다가가게 하는 것이다.

보이는 것이 진실이라는 착각과 들리는 것이 전부라는 오해에 머물지 않도록 노력할 때 단순함이 던진 진짜의 답에 조금씩 다가가게 되지 않을까 생각해본다.

글이 사는 동네 II

몽당연필

우리의 삶은 선택(Choice)과 기회(Chance)의 연속이다.
갈림길을 만나면 방향을 선택하고 그 선택은 기회로 이어진다.
그 기회를 살리기 위해서는 변화(Change)가 필요하다.
재창조는 1+1=2가 아니라
3이 될 수 있는 시너지를 일으킨다.
한계상황 앞에서 자신을 변화시키는 사람만이
선택과 기회를 지속적으로 얻을 수 있다.
볼펜대를 찾아 새롭게 탄생한
몽당연필처럼.

(본문 중에서)

고동주

경험지가 있어
두 번째가 첫 번째보다 더 쉽고
나을 것이라 생각했다.
그러나 그 생각은 나를 어김없이
빗겨갔다.
인고의 시간...
자신과의 싸움...
더 나은 글,
더 나은 나를 위해...
자신과의 싸움은
언제나 끝나지 않는다.

| 글 고동주
| 그림 고다은

몽당연필
상품권과 로또

몽당연필

내가 국민학교 다닐 때의 이야기이다. 학교에서 같은 연필을 계속 사용하다 보니 하루는 글을 쓸 때 손에 잡히지 않을 정도로 짧아져 버렸다. 그걸 보시고 아버지께서 하나라도 아껴야 잘 산다고 하시면서 연필 뒷부분을 살짝 깎은 다음 볼펜대를 이어 주셨다. 볼펜대로 이어진 연필은 최소 열번은 더 깎을 수 있을 것 같았다. 그러나 나는 그 연필을 학교에 가지고 갔을 때 친구들에게 놀림을 받을까 두렵고 부끄러워 아버지에게 연필을 새로 사 달라고 했다. 당연히 그날은 아버지께 혼나는 날이 되었다.

나도 어른이 되고 결혼을 한 후 두 아이의 아빠가 되었다. 큰딸이 초등학교 저학년 때였다. 연필을 쓰다가 짧아져서 못 쓰겠다고 하여 아버지가 나에게 해 주었던 것과 똑같이 해 준 적이 있다. 볼펜대에 꽂힌 연필을 본 큰딸이 나에게 했던 반응은 내가 아버지에게 했던 반응과 너무도 달랐다.

그 연필을 들고 너무 신기하다고 하면서 즐겁게 그림을 그리고 글씨를 썼다. 연필을 학교에 가지고 가 친구들에게 자랑도 했다고 했다.

같은 몽당연필을 두고 전혀 다른 반응을 보인 나와 내 딸의 사례에서처럼 사람들은 자신이 처해있는 환경, 바라보는 관점, 그 때의 심리상태 등에 따라 동일한 상황이라도 전혀 다르게 판단하는 경우가 많다. 자신이 벼랑 끝에 서 있다고 가정해 보자. 만약 당신이 부정적인 생각으로 가득 차 있다면 어떤 생각을 하게 될까? 반면 절망적인 상황이지만 하늘이 무너져도 솟아날 구멍은 있다는 심정으로 서 있다면 어떤 생각을 하게 될까? 앞에서 언급하였던 몽당연필을 예로 들어 보자. '나는 짧아져 잡을 수 없기 때문에 연필로서 가치가 없다'라는 한계를 절감한 몽당연필이 선택할 수 있는 방법은 크게 두가지이다. 첫 번째는 그대로 포기하

고 좌절하면서 자신을 쓰레기통에
버리는 것이다. 다른 하나는 손에
쥐어지지 않아 사용될 수 없는 자
신의 현 상황을 인식하고 길이를

보완하기 위해 볼펜대라는 방법을 찾는 것이다. 같은 상황
다른 선택을 하는 힘은 어떻게 가질 수 있을까? 그 교훈을
몽당연필에서 찾을 수 있지 않을까?

우리가 세상을 살면서 가장 힘들 때가 '내가 이제는 더 이
상 필요(가치)가 없나?'라고 느낄 때인 것 같다. 우리가 속
해있는 조직에서 나의 역할이, 나의 수명이 다해 간다고 느
낄 때 몽당연필을 떠올려 보자. 짧아져 더 이상 잡고 쓸 수
가 없는 몽당연필이 볼펜대를 만나 제 2의 인생을 살아 가
듯이 우리의 삶도 마찬가지가 아닐까? 내가 다시 일어설 수
있도록 조력자를 찾아 재창조의 기회를 삼는다면 제 2의
인생을 시작할 수 있을 것이다.

자신이 다시 빛날 수 있도록 도와주는 조력자를 찾더라도
재창조의 과정은 쉽지 않을 수 있다. 몽당연필도 자신의 머
리 부분을 다시 깎은 후 볼펜대 속으로 머리를 넣어 손으로

쥐었을 때 튼튼하게 고정될 수 있도록 맞추는 노력이 필요하다. 2022년도에 스피치 학원을 다니면서 수업시간에 보았던 '솔개의 선택'이라는 동영상이 생각난다. 영상 속 솔개는 태어난 지 40년 정도가 되면 볼품없고 사냥하기도 힘든 몸이 되어 중요한 결정을 한다. 하나는 그대로 지내면서 서서히 죽는 것이고, 다른 하나는 결단을 내리고 바위산으로 가 구부러진 기존의 부리를 깨어 새 부리를 만들고, 그 부리로 무뎌진 발톱을 뽑고 무거운 깃떨을 하나씩 뽑는 생사를 건 고통스러운 과정을 통해 새로운 40년이라는 제 2의 삶을 사는 것이다.

우리의 삶은 선택(Choice)과 기회(Chance)의 연속이다.
갈림길을 만나면 방향을 선택하고 그 선택은 기회로 이어진다. 그 기회를 살리기 위해서는 변화(Change)가 필요하

다. 재창조는 1+1=2가 아니라 3
이 될 수 있는 시너지를 일으킨다.
   한계상황 앞에서 자신을 변화시
키는 사람만이 선택과 기회를 지속적으로 얻을 수 있다.
볼펜대를 찾아 새롭게 탄생한 몽당연필처럼.

   한번 사는 우리의 인생.
   자신이 될 수 있는 최고의 자신을 위하여~
   Cheers!

상품권과 로또

팀장이 되고 첫 명절이 다가왔다. 사무실 직원들에게 돌릴 선물세트를 고민하다가   상품권이 더 좋을 것 같아 와이프에게 부탁해서 준비했다.

한 명 한 명 만나 명절 인사를 하며 상품권을 건넸다. 상품권을 받은 직원들은 고맙다는 말과 함께 명절 인사를 건넸다.

비슷한 시기에 친하게 지내는 회사 동료의 딸이 로또와 즉석복권을 파는 복권방을 개업했다. 개업 선물로 어떤 것을 할까 고민하다가 '복권을 많이 사 주는 것이 최고의 선물이 되겠구나' 싶은 생각에 부서 직원 수만큼 복권을 사기로 하고 직원 수만큼 자동 복권을 부탁했다. "한 줄짜리 하는 거 아니제?"라는 농담 섞인 말에 천 원짜리 한 줄 복권은 너무 정이 없어 보여서 두 줄짜리 복권으로 뽑았다. 명절 연휴가 시작되기 전 날 사무실과 현장을 다니면서 부서원들에게 추석 잘 보내시라는 인사를 하며 복권을 한 장씩 돌렸다. "당첨되시면 지분율 30% 있습니다."라는 농담 반 진담 반의 멘트도 덧붙였다.

복권을 받는 사람들의 표정에는 환한 웃음과 기대감이 넘쳤다. 상품권 때와는 묻어나는 느낌이 사뭇 달랐다. 오만 원 상품권에 비하면 이천 원 복권은 금액으로만 보면 비교가 되지 않는다. 그런데 '왜 받는 이의 표정은 사뭇 달랐을까?'라는 궁금증이 생겼고 그 이유를 곰곰이 생각을 해 보았다. 상품권은 오만 원, 십만 원 등 금액이 정해져 있다. 주는 사람, 받는 사람 모두 같은 액수만큼의 만족도를 가진다. 그러나 로또는 달랐다. 복권을 받는 사람들 대부분은 감사하다며 받았지만 약 30% 사람들은 "팀장님 명절이 지나고 내가 안보이면 당첨된 줄 아세요."라고 말하며 웃었다. 그들의 마음속에는 내가 1등이 될 수 있다는 희망과 함께 그 종이 한 장이 마치 상금

이십 억이 된 것처럼 그들의 지갑으로 들어갔다. 내가 건넨 이천 원짜리 로또 만족도는 오만 원 상품권의 수십 배, 수백 배, 수천 배가 되어 당첨이 발표되는 토요일까지 기쁨과 희망에 쌓여서 지낼 수 있는 즐거움을 그들에게 주지 않았을까?

명절이 지나 공장을 돌면서 직원들에게 '명절 잘 지냈냐?'는 인사를 하며 안부를 살폈다. 인사가 오가는 과정에서 상품권으로 무엇을 샀는지, 어떻게 사용했는지에 대한 얘기는 하나도 없었다. 그와 반대로 로또에 대해서는 본인의 돈 이십 억이 없어진 것처럼 아쉬워했다. 한 분은 '번호 열두 개 중 한 개만 맞았다'라고 푸념을 했고, 그 옆에 계신 분은 '그래도 나는 두 개 맞았다'라며 번호 한 개를 더 맞춘 것에 기분 좋아하셨다. 그 외에도 '고 팀장, 어떻게 번호가 하나도 안 맞을 수가 있냐. 다음번에는 꼭 당첨될 수 있도록 고사를 지낸 후 로또를 사라'

고도 하고 '당첨이 되면 팀장님이 말했던 지분 30% 아니라 40% 드리고 싶었는데 당첨이 되지 않아 아쉽다', '로또가 당첨되었으면 이 회사 바로 사표 쓸라고 했는데 어쩔 수 없이 나왔다'와 같이 여러 가지 재미있고 즐거운 뒷담화까지

남기는 마법을 발휘했다.

　상품권은 금액에 상관없이 주고받으면 끝이다. 딱 그만큼이다. 그러나 로또는 천 원의 기적을 만들었다. 나는 가게에서 살 때 즐거웠고, 그것을 받았던 직원들은 받았을 때도 즐거웠고 그 후 당첨이 되지 않아도 끝이 즐거웠다. 당첨이 되었다면 말할 필요도 없을 것이다. 기대하지 않았던 작은 종이 한 장이 가져다주는 혹시나 하는 일확천금의 기대감, 토요일까지 기다림이 만드는 설레임, 결과가 나온 뒤에 오는 아쉬움 이런 감정들이 뒤섞여 만들어 내는 즐거움이었다.

　우리가 살아가는 일상에서 즐거움과 행복은 어디에서 오는 것인가? 생계를 위해, 성공을 위해, 또 각자의 목적을 위해 톱니바퀴처럼 바쁘게 돌아가는 일상 속에서 작은 계기에 의해 틈이 생길 때 우리는 일상을 잠깐 멈추고 그 틈으로부터 새어 나오는 싱그러움을 느끼게 된다. 나에게서 로또를 받았던 그 사람들도 작고 가벼운 종이 한 장이 만들어 준 일상의 틈에서 잠시나마 평소 내가 가지지 못한 것을 가질 수 있겠다는 희망이라는 단어를 품고 그것으로 무엇을 할지 상상하면서 즐거움을 느꼈을 것이다.

많이 준다고 행복한가? 나의 답은 그렇지 않다. 작은 것이라도 그 사람이 필요한 것을 주어야 행복하고 즐겁다. 자신의 주위를 돌아보자. 주위에 있는 공기나 물과 같이 무수히 많고 당연한 것에 대해서는 우리는 행복해 하지 않는다.

그러나 아주 작은 것이라도 내가 지금 필요한 것이 생겼을 때 행복하고 즐겁다. 무미건조한 일상에서 우연히 걸려온 친한 친구의 전화 한 통, 일상을 잠시 벗어나 느끼는 짧은 자유, 문득 생각나는 어린 시절의 추억, 옆에 있는 갓난 아기의 해맑은 웃음을 보면서 우리는 행복과 즐거움을 느낀다.

삶에 틈이 필요하고 중요하다고 느끼는 사람들은 시간을 내어 산을 찾고, 춤을 배우고, 그림이나 악기 연주 또는 독서를 한다. 자신에게 쉴 수 있는 틈을 부여할 줄 아는 사람들이 행복한 사람들이 아닌가 생각한다.

행복이란 무엇인가?
인생의 즐거움이란 무엇인가?
행복과 즐거움을 위해 우리는 너무 큰 것들을 쫓아가고 있는 것은 아닌가?

멀리 있는 큰 것보다 일상에서 우리 삶에 행복과 즐거움을 줄 수 있는 작은 것들에 관심을 가져보자.

바위의 작은 틈을 찾아 뿌리를 내린 저 푸른 소나무처럼 삶의 작은 틈이 행복이라는 싱그러운 삶의 나무를 가꾸게 할 것이다.

어떤 하루를 살 것인가? 스스로에게 질문을 던져 본다.

글이 사는 동네 II

나의 고백

태어났을 때부터 가족이 가진 모든 것을
저에게 내어주며 한결같은 모습으로
온갖 투정을 받아주고
살아가는 이유를 주었기 때문입니다.
항상 곁에 있었다는 것을
너무 늦게 알아 죄송합니다.

(본문 중에서)

류용주

우리들의 삶은 경험과 배움을 통하여 자신만의 신념을 가지게 되며 시련이 닥쳐올 때는 인내하고 이겨내야 한다.
앞으로도 이런 것들이 반복될 것이다.
그러므로 나는 오늘도 배운다.
욕심을 버리고 비교하지 않으며 낮은 자세로 살아갈 것이다.
도움을 주는 사람, 필요한 사람으로 남고 싶다.
이것은 나의 숙명이다.

류용주

나의 고백
봉사는 나의 삶
힘겨운 인간관계의 삶에서 벗어나기를 바라며

나의 고백

우리는 태어나 평생토록 가족이라는 공동체로 함께한다. 또 죽어서까지 마음을 통해 이어진다.

나의 가족은 부모님, 형님, 나를 포함한 4명에 형수님과 조카 3명을 더해 총 8명이다. 그리고 이분들은 나에게 스승이요, 보호자요, 동반자다.

스승은 자기를 가르쳐 인도하는 사람, 보호자는 어떠한 사람을 보호할 책임을 지고 있는 사람, 동반자는 어떠한 행동을 할 때 짝이 되어 함께하는 사람을 뜻한다.

가족은 힘들거나 방황할 때 존재 자체만으로도 제자리를 찾아 다시 일어설 힘을 준다. 그리고 만남을 통해 많은 것을 얻고 배우며 깨닫게 해준다. 지금을 살아가는 데 없어서는 안 될, 내가 의지하는 든든한 백이다.

얼마 전 아버지는 장사에 파실 물건을 구매해서 오다 기차역 계단에서 구르는 사고가 일어나 119 응급차를 통해 병원으로 이송되었다. 이때 형님이 달려가 고생해 준 덕분에 지금은 회복 중이다. 하지만 나는 그 순간에 없었으며 아무런 도움을 주지 못했다. 그저 상황을 알려온 형님에게 어떻게, 왜, 어느 정도인지 등을 물어보며 짜증을 낸 것이 전부였다. 이 일을 겪으면서 언젠가 적으려 했던 글을 지금 쓰게 되었다.

아버지의 연세는 만 85세로 돌아가신 할아버지와 함께 10대 때부터 세 군데 이상의 오일장을 옮겨 다니며 장사를 했다. 어머니와 함께 초등학교조차 나오지 못했으나 경제활동 덕분에 어느 정도의 문맹에서 벗어났다. 어머니는 만 76세로 전업주부이며 장사가 대목이거나 파실 물건을 구매하러 갈 때만 따라다니다, 언젠가부터 무엇을 하든 함께하게 되었다. 아버지와 어머니는 장사와 집안일 외에는 아무것도 할 줄 모른다.

 두 분 모두 핸드폰이나 자전거 운전, 신용카드조차 사용할 줄 모른다. 비행기와 배는 한 번도 타 본 적이 없으며 제주도도 못 가봤다. 고향 집에 있는 전화기는 가족끼리만 연락하고 TV는 뉴스를 보는 것이 전부다. 전화기가 1개월 이상, TV는 3개월 이상 고장이 나 있었지만, 부모님이 얘기하지 않아 몰랐던 적이 있었다. 왜 얘기하지 않았냐고 화도 내 봤지만 사는 데 지장 없어 얘기하지 않았다는 것이 전부였다. 기름보일러가 있어도 전기장판에 의지하고 에어컨이 있어도 선풍기만 사용한다.

 식사도 마찬가지다. 언젠가 고향 집에 간 적이 있다. 갑자기 연락 없이 왔냐고 화를 내었다. 그저 저녁을 먹으러 왔다고 했지만, 담에는 꼭 전화를 미리 하고 오라는 말과 함께 밥상을 거두고 배달 음식을 시켰다. 나는 지금 있는 그대로 먹자고 했지만, 부모님의 마음은 그렇지 않았다. 할 수 없이 배달 음식을 먹었다. 나는 원 없이 잘 먹고 잘사는데 부모님이 이렇게 산다는 게 마음이 편치 않았다.

부모님은 이제 예전하고 많이 다르다. 몸은 말랐고 당뇨와 고혈압 약을 먹는다. 목소리는 힘이 없고 물건을 들거나 걷고, 서 있는 것조차 힘들어한다. 하지만 무더운 여름이든 추운 겨울이든 어김없이 새벽 3시에 일어나 시장에 나간다. 작년 여름, 아버지는 장사를 하다 더위에 코로나까지 걸려 바닥에 주저앉아 일어나지 못했다. 주변 상인들의 도움으로 재빠르게 병원으로 옮겨 큰 고비는 넘겼다. 어머니도 다르지 않다. 한쪽 눈은 잘 보이지 않고 반대쪽 눈은 얼마 전에 백내장 수술을 했다. 허리까지 좋지 않다. 이젠 일을 그만두고 쉬라는 말을 수백 번도 해봤지만, 소용이 없었다.

예전에 용돈을 억지로 쥐여주며 아껴 쓰라고 했을 때, 짜증을 내며 얼마나 된다고 하며 안 줘도 된다고 했던 적이 있다. 그때 부모님이 미안해하는 모습에 크게 깨달았다. 나의 철없는 언행이 큰 상처를 주었다는 것을 뼈저리게 느낀 것이다. 그 뒤로 용돈을 주면 두 손으로 받고 저금하겠다고 답한다. 또 헤어질 때면 지금은 장사가 잘 안되니 돈 좀 벌어 놓았을 때 오면 용돈을 또 주께라고 말한다. 그럼 나는 부모님의 경제사정에 맞추어 다음 일정을 잡는다. 이 모든 것이 나에게 주는, 값으로 매길 수 없는 사랑이라는 것을 뒤늦게 안 것이다.

 그리고 나는 안부 전화를 해 본 적이 없다. 부모님이 매번 먼저 전화를 준다. 통화의 시작은 잔소리가 아닌 전화 자주 못 해 미안하다는 말이다. 그럴 때면 내 마음이 서글퍼진다. 내가 부끄럽고 어색해서 전화를 못 한다는 것을 미리 알고 있듯, 다른 자식들과 비교하지 않고 인정해 주며 먼저 손을 내미는 것 같아 나를 또 한 번 일깨우게 하는 스승이다.

 지금의 내 마음은 부모님에 대한 걱정뿐이다. 형님과 형수님이 잘 챙겨주고 있지만 그래도 마음이 쓰인다. 며칠 전 전화 통화에서 작은 목소리로 많이 안 다쳤다, 괜찮다, 담에 언제 오노, 밥은 뭇나, 술 많이 마시지 마라, 담배피지 마라 오래 못 산다, 추운데 옷 따뜻하게 입고 보일러 따뜻하게 켜고 자라 등 늘 듣던 평범한 얘기였지만 마음이 울적했다.

 형님은 중학교부터인가 교회를 다녀, 현재는 작은 개척 교회를 운영 중이다. 중고등학교 때부터 대학원 졸업까지 스스로 학비를 벌며 신학 쪽 공부만을 해왔다. 형님은 나와 여섯 살 차이로 일찍부터 철이 들었다. 지금까지 부모님 곁에 살면서 자주 찾아뵙고 신경을 쓰며 맏이의 역할을 다한다.

그리고 형수님과 함께 전화를 자주 준다. 부모님 걱정은 너무 하지 마라, 일 있으면 전화주께, 별일없제, 건강 챙기라 등 격려의 목소리로 나의 보호자 역할을 해준다.

나를 제외한 부모님과 형님, 형수님, 조카들은 아무리 눈 씻고 봐도 단점을 찾을 수가 없다. 연중 다섯 번 정도 모두가 모일 때면 한결같다. 하지만 나는 부모님한테는 막내에 철없는 자식이며 형님과 형수님한테는 보살핌이 필요하고 걱정을 끼치는 어린 동생에 불과하다.

나는 지금도 가족들에게 존칭을 쓰지 않고 말을 놓는다. 아니, 써본 적이 없다. 어릴 때는 놀고 사고 친 기억밖에 없다. 집에서는 문제아였고 고등학교를 겨우 졸업했다. 전문대는 농어촌 전형을 통해 가까스로 입학했다. 그렇기에 1학년 1학기도 힘들다며 군대에 갔고, 제대 후 복학했으나 1학년 수료로 끝났다.

부모님은 나를 단 한 번도 때리거나 크게 야단을 친 적이 없다. 내가 얼마나 철이 없었는지는 말로 표현하기 어렵다. 어릴 때 그토록 착한 형님이, 내가 부모님께 대들 때 말리다 못해 때린 것을 보면 예상이 될 것이다. 초등학교 때는 학교도 잘 가지 않고 놀러 다니기에 바빴고, 문제를 일으켜 동네 사람들이 집에까지 찾아오는 일도 있었다. 밥을 먹다 수저를 던지며 반찬 투정은 얼마나 했든가. 내가 사고 싶거나 하고 싶은 것을 하지 못할 때는 해줄 때까지 가족들에게 막말을 퍼부었고 학교에 가지 않겠다고 가방을 집어 던지며 행패를 부렸다. 중고등학교 때는 머릿속에 공부라는 것은 없었다. 수능이 가까워질수록 졸업한다는 기쁨에 더 즐기고 놀았다. 시험 문제를 풀 때는 눈을 뜨고 보나 감고 보나 똑같아 그냥 답을 찍었다. 오직 유흥비를 마련할 목적으로 3년간 신문 배달을 하기도 했다.

　군대를 다녀온 뒤, 사회생활을 하면서도 마찬가지였다. 이제는 자유롭게 뭐든 할 수 있다는 자신감뿐이었다. 오직 삶의 목적은 즐기는 것이었고 몸의 절반에 문신도 했다. 나에게 미래란 없었다. 돈을 모은다는 것은 상상조차 하지 않았다. 그 후유증과 습관이 지금까지 이어와 딱히 모아둔 돈도 없고 삶의 방향을 어디로 둘지를 몰라 아직도 길을 찾고 있는 아이에 불과하다.

태어나 쭈욱 부모님 밑에만 있다가 전문대 수료 후부터는 독립했다. 20년 이상을 혼자서 생활하며 만사가 귀찮고 일이 힘들다는 핑계로 가족과의 연을 끊으려 했다. 나를 살리는 생명줄인 걸 그때는 몰랐다.

내 나이 만 47세, 아직 나 자신도 돌보지 못하지만, 30대 초중반부터 부모님을 많이 생각한 것 같다. 부모님이 나이가 들어 약해지는 것을 실감하면서부터다. 고향에 내려가 하나뿐인 방에서 함께 잠을 잘 때면 이불을 덮어주고 귀 청소에 손발톱도 깎아주던 것이 희미해지며 사라졌을 때다. 그렇다고 내가 고향 집에 자주 가는 것도 아니다. 하지만 많이 걱정되고 보고 싶다.

형님과 형수님, 조카들이 머릿속에 들어온 것은 40대가 시작되면서다. 사회생활 한 지 20년쯤 지나니 비로소 적응력이 생기고 스트레스가 조금씩 사라지며 보이지 않고 생각하지 않던 것들이 떠오르며 함께 하고 싶어졌다.

지금까지 마음에만 간직하고 있었던 나의 고백을 한 번도 써본 적이 없는 편지에 담아 본다.

엄마, 아빠! 저를 태어나게 해주고 가르쳐주고 길러주셔서 진심으로 고맙고 그 어떤 것으로도 보답해 드리지 못해 죄송합니다. 제 삶의 모든 것이 은혜인 것을 미처 몰랐습니다. 해외여행 한번 못 보내 드리고 용돈, 선물도 제대로 못 챙겨드리고 돈 많이 벌어 좋은 집 지어 편하게 살도록 해드리지 못한 것, 결혼하여 손자·손녀 안겨 드리지 못한 것, 주위 분들에게 자랑할 수 있는 자식이 되지 못한 것 등 모두 다 죄송한 마음뿐입니다.

형님과 형수님, 조카들에게도 마찬가지입니다. 옆에 있으며 조금이라도 부모님을 챙긴다면 좀 편할 건데, 내 것 하나 단속 못 해 몇 배로 고생시키는 거 잘 알고 있고 나까지 보살펴 주는 것에 진심으로 감사하고 있습니다. 많이 부족하지만 성공하여 제대로 지원해 주고 싶은 마음이 굴뚝같다는 것, 그렇게 하기 위해 동생이 최선을 다하고 있구나 라고 이해하고 있다는 것도 잘 알고 있습니다. 앞으로는 함께 할 동반자가 되도록 더 노력하겠습니다.

모두 옆에서 응원해 주고 걱정해 주는 거 잘 알고 있습니다. 그 마음 죽을 때까지 잊지 않겠습니다. 지금부터 더 열심히 살도록 하겠습니다.

지금은 연중 오월, 명절, 연말 등 몇 번 안 되게 만나 드라이브하며 식사와 커피 정도가 끝이지만, 앞으로는 더 많이 만나고 좋은 곳에도 가보고 맛있는 것도 먹고 즐길 수 있도록 노력하겠습니다.

그리고 감히 부탁할 게 있습니다. 건강하게 오래오래 살고 서로 싸우지 말며 즐겁게 지냈으면 하는 겁니다. 그리고 평생을 본인보다 주변을 위해 열심히 살았으니, 이제는 자신을 위해 살았으면 좋겠습니다.

그럼에도 지금처럼 하겠다면 더는 말리지 않겠습니다. 안전하게 쉬어가며 천천히 걸어가십시오. 저도 가족이 가는 길을 따라가겠습니다. 가장 사랑하는 사람은 가족입니다. 가족이 있었기에 제가 존재할 수 있었습니다. 욕심이라는 단어도 모르며 작은 것에 만족하고 감사하며 사는 것도 본받겠습니다. 돈보다 귀중한 것이 무엇인지를 알게 해주고 신념을 가지고 한길만을 걷는 것을 보여주며 깨닫게 해준 것도 잊지 않겠습니다. 제가 왜 결혼할 마음이 없는지 이해가 갑니다. 왜냐하면, 우리 가족 같은 사람을 원하고 기다리고 있었기 때문입니다. 가족이 저의 이상형입니다. 그렇지만 저는 아주 만족하고 행복합니다. 왜냐하면, 태어났을 때부터 가족이 가진 모든 것을 저에게 내어주며 한결같은 모습으로 온갖 투정을 받아주고 살아가는 이유를 주었기 때문입니다. 항상 곁에 있었다는 것을 너무 늦게 알아 죄송합니다.

앞으로 가족만을 생각하며 살아가겠습니다.
내 옆에서 오래도록 있어 주십시오.

지금부터는 가족이라는 생명의 끈을 절대 놓치지 않겠습니다.

아버지 어머니 형님 형수님 죄송합니다.
고맙습니다.
사랑합니다.

봉사는 나의 삶

　남을 위해 봉사를 해야겠다는 마음을 먹게 된 것은 20대 중반부터다. 그 이전에도 어떠한 경험들이 나의 마음을 자극했을 수도 있다. 하지만 어린 나이에 모르고 지나쳤을 수도, 대수롭지 않게 생각했을 수도 있을 것이다. 어떤 기억들이 없어지지 않고 남아있다는 것은 반드시 이유가 있으리라 생각한다. 그때는 몰랐지만, 세월이 흘러 어느 순간, 이것이었다고 깨닫게 되는 것 같다.

　과거 초등학교 때가 생각난다. 나는 부모님이 일하시는 시장에서 놀다가 저녁이 되어 장사가 끝나면 함께 집으로 오곤 했다. 한번은 할머니가 돌나물, 냉이 나물, 쑥 등 가져

온 나물들을 해가 저물도록 다 팔지 못해 집으로 가지 못하고 있었다. 부모님은 집으로 가던 걸음을 멈추고 남은 나물을 모두 구매했고, 그날 저녁은 전부 나물 반찬이었다. 이런 날들이 잦았다. 그때 아버지가 말씀하셨다. "이분들은 오일장에 팔려고 며칠 동안 힘들게 뜯고 다듬어 아빠보다 일찍 출근하신다. 종일 쪼그려 앉아 점심값도 아까워 제대로 먹지 않고 몇천 원을 벌어보겠다고 장사하신다. 버스비도 아끼려 몇 시간 동안 걸어오고 걸어가는 분이라 다 사줘야 빨리 집에 가신다."라는 것이었다. 그 기억이 나의 삶에 영향을 미쳤을 거로 본다.

하나뿐인 형님은 현재 개척교회를 운영 중이다. 신학 공부만을 해오며 목회자의 길을 걷고 있다. 중학교 시절 육성회비조차 제때 못 내 담임선생님이 가정방문 한 적도 있었다. 제대로 못 입고 못 사 먹었지만, 누구에게도 기죽지 않고 아무 탈 없이 묵묵히 자기 길을 가는 것을 지켜봤다. 이것이 나의 삶에 일조하였을 거로 생각한다.

군 제대 후 벼룩시장, 교차로 등 구인 광고를 보며 일자리를 찾아 헤맬 때였다. 병원에서 모 군대 출신 우대라는 채용공고가 눈에 띄었다. 그 순간 병원에서 일한다면 얼마나 좋을까 하는 상상을 했다. 하지만 내가 가진 것이라고는 몸뚱이와 1종 보통 면허증이 전부였고 경력이나 자격증, 인맥 등 아무것도 없었다. 가능성은 제로였지만, 오직 우대라는 것만 믿고 혹시나 하는 마음으로 연락했다. 병원은 준비서류를 가지고 방문하라고 하였고, 면접을 본 후 합격했다.

그러나 흔히 생각하는 일반병원이 아니었다. 그곳은 정신병원이었다. 업무는 입원환자(이하 그분)들을 관리하는 것으로 보호사라는 직명을 사용하였고 근무 방식은 주·야간 2교대였다. 처음 접하는 일이기도 했지만, 예상했던 것과는 너무 달라 그만둘까 말까를 수십 번 고민했다. 능력이 되지 않는 내가 왜 여기에 뽑혔을까도 생각했다. 아마도 쉽게 적응하지 못해 퇴사가 잦은 곳이라는 생각이 들었다. 병원은 거의 그분들의 시설로 이루어져 있었고 남자와 여자 병동으로 나뉘어 관리되었다. 자신감이 넘치는 젊은 나이임에도 체격이 작다는 이유로 근무지는 여자 병동으로 정해졌다. 자존심도 상하고 기분이 나빴지만, 나중에서야 이해가 되었다. 왜냐하면, 감당할 수 있는 곳을 배정한 것이었다.

그분들의 나이는 20대부터 70대까지로 들어온 이유 또한 정신질환, 중독, 치매 등 다양했다. 내부의 모습은 각 실로 나누어져 있는 것이 아니라 모두를 볼 수 있는 트인 구조였으며 대부분이 가족과 연락이 끊겼거나 들어 온 지 수십 년이 된 무연고자였다.

업무로는 식사 시간마다 지하 식당에서 소형 엘리베이터를 통해 올라온 음식을 세팅 후 배식하였고, 약을 먹는 시간에는 차례대로 줄을 세워 간호사가 나눠줄 때 옆에서 먹는 것을 확인하였다. 체조 시간에는 방송 음악에 맞추어 열심히 하도록 부추겼고, 치료 프로그램 시간에는 사회복지사와 함께 활동하며 보조하였다. 그분들이 잠을 자는 시간에는 비상 상황에 대비하여 순찰을 돌며 밤을 지새웠다. 그리고 그분들 중 사회 적응 활동이나 일반적인 진료가 필요할 때는 동반하여 외부로 나가거나 돌발상황이 발생하면 응급 차량을 운전하여 그분들을 데려오는 일 등을 했다.

식사의 경우 직원식당이 따로 있었지만, 가는 것이 귀찮기도 하고 그분들과 함께 먹는 것도 괜찮을 거 같아 대부분을 같이 먹었다. 처음에는 함께 먹는 것에 대해 의아해하며 더 좋은 반찬이 있는 직원식당으로 가서 먹기를 바랐다. 그 때의 기분은 왠지 서글펐고 그럴수록 더 함께 먹고 싶었고 함께 있고 싶어졌다.

식사할 때는 특급대우를 받는 것 같았다. 주변에 둘러앉아 맛있는지, 부족한 것은 없는지 등을 물으며 식사가 끝날 때까지 옆에 있어 줬다. 나중에는 식생활 습관까지 알고 종류별로 양도 맞추어, 좋은 자리를 잡아 물과 함께 미리 세팅해 주었다.

자유시간 등 대화를 나눌 때는 순수한 어린이 그 자체였다. 궁금해하는 것은 얼마나 많은지 대답해 주다 시간 가는 줄 몰랐다. 주·야간 출근 때는 시간에 맞추어 1층 입구까지 내려와 기다리고 있었다. 오는 시간만 기다렸다며 반갑게 맞이해 주었고 2층 보호사실로 함께 올라왔다. 하루하루가 즐거웠고 기다려졌으며 행복했다.

여기는 일을 하고 월급을 받는 직장이기보다 내가 아파서 찾아가는 무료 병원으로 오히려 그분들이 치료사가 되어 나를 치유해 주는 기분이었다. 나의 적성에 딱 맞아 떠나기 싫은, 평생직장이 되었으면 하는 곳이었다.

그분들은 답답하고 편하지 않은 곳에서 여생을 보내면서도 긍정적인 삶을 보여줬고 보잘것없는 나에게 때 묻지 않은 따뜻한 마음을 전해 줬다. 나보다 훨씬 뛰어난 사람들이었고 많은 것을 가르쳐 준 분들이다. 이분들을 통해 나는 지금까지 어떻게 살았는가에 대해 의문을 가졌고 내가 알고 있는 것들이 틀린 것이 아닌가를 생각하게 되었다. 세상은 돈이 전부가 될 수 없다는 것과 과연 어떻게 살아가는 것이 올바른 것인가를 곰곰이 생각하게 해주었다. 나의 삐뚤어진 마음을 고쳐 봉사의 마음을 갖게 하였고 앞으로 어떠한 삶을 살아야 한다는 방향과 방법을 알려준 분들이다.

의지와는 다르게 퇴사할 수 밖에 없었지만, 혼자만 살겠다고 도망친 듯한 죄책감은 아직도 아물지 않은 마음의 상처로 남아있다. 짧은 1년이었지만 정이 넘치는 곳이었고 20년이 지난 지금도 기억이 생생하다.

퇴사 후 다른 업종으로 이직했지만, 마음만은 그곳을 떠나지 못하여 직장과 병행할 수 있는 사이버대학교 사회복지

학과에 편입하여 졸업했다. 졸업 후 미련을 버리지 못해 복지관이나 희망원 등 취업에 도전했다. 하지만 번번이 떨어지며 인연이 되지 못했다. 그렇게 시간은 지나갔지만, 봉사를 갈망하는 마음은 잊히지 않았다. 아마도 사라지지 않고 계속 남아있다는 것은 내가 어떠한 마음으로 살아가야 하는지를 알려주는 알림 신호라 생각했다. 하지만 뭐부터 어떻게 행동해야 할지를 모른 체 세월은 흘러갔다.

40대 후반인 나는 조금씩 봉사를 실천해 나가고 있다. 정식으로 시작한 지는 2년 반 정도 되었다. '지금을 가치롭게 살아가자'를 핵심 가치로 하는 비영리법인 단체의 회원이 된 것이다. 간단히 설명하자면 지역사회를 위해 연 1회 '어린이 리더 양성캠프'를 개최하고 어린이들을 위한 '책 읽어주는 사람들' 프로그램과 '책 좀 읽으며 살자'는 취지로 독서 모임을 매달 시행한다. 매주 수요일에는 '소통 좀 하면서 살자'는 목적으로 '수요강연'을 열며, 다른 단체와의 협약을 통해 장학금 전달과 헌혈 문화 정착을 위한 노력 등 선한 영향력을 펼쳐 나가는 곳이다.

많은 활동이 이루어지고 있지만, 직장 등 개인 사정을 핑계로 일부분만 참여하며 분발하고 있다. 그리고 개인적으로 나마 보탬이 되어보려 정기적으로 헌혈을 진행하고 있다.

봉사의 사전적 의미를 살펴보면 '국가나 사회 또는 남을 위하여 자신을 돌보지 아니하고 힘을 바쳐 애씀'이다. 누구나 할 수 있는 자격은 있지만 아무나 해 낼 수 있는 것은 아니라는 생각이 든다. 지인 중에 일자리를 구했지만 얼마 되지 않아 그만둔 분이 있다. 그 이유는 자신이 하는 봉사활동에 지장이 있다는 것이다. 다르게 말하면 자기의 삶에서 봉사를 최우선에 두고 자신을 희생해서라도 남을 위해 살겠다는 것이다. 랠프 월도 에머슨의 "자신을 위해 사는 사람은 가난한 사람이고 남을 위해 사는 사람은 부유한 사람이다"라는 말처럼 봉사를 자신의 사명처럼 여기고 실천하는 사람들은 행복하고 가치 있는 삶을 살고 있다. 하지만 이런 삶을 선택한다는 것은 아무나 할 수 있는 것이 아니다.

한때 나는 남과 비교하지 않으리라는 것을 입버릇처럼 떠들고도 나는 언제 저렇게 될 수 있느냐며 조바심을 내며 지냈다. 이제는 아니다. 부유한 사람이라는 것은 각자의 생각과 기준에서 차이가 있을 뿐이다.

나는 부유한 사람이다. 내가 누리고 있는 것들이 나에게는 평범한 것이지만 누군가에게는 간절한 소망이다. 잘 곳이 있고 직장과 가족도 있다. 많은 것을 가졌기에 도움이 필요한 사람들을 위해 멈추지 않으려 한다. 어떻게 하면 도움이 될 수 있는지를 끊임없이 생각하고 이행할 것이다.

봉사라는 것이, 나에게 뜻하지 않게 다가왔고 스며들고 젖어 마르지 않는 것은 나의 숙명일 것이다. 나의 조그마한 노력이 언젠가는 내 마음에 남은 상처를 치료하고 죄책감을 덜 수 있을 것으로 생각한다. 이제는 이전처럼 도망가지 않을 것이다.

나는 봉사의 길을 걷기 위해 초등학교 때에 걸음마를 배웠고 병원에서 그분들을 통해 준비하고 출발하였다. 그리고 지금은 단체의 활동이나 헌혈 등을 통해 스스로 나아가고 있다.

내가 생각하는 봉사란 물질 또는 재능기부, 노동 등을 통해 펼치는 것이 전부가 아니며 크거나 많음에 비례하는 것도 아니다. 앞에서와 같이 가정과 직장 등 시·공간을 초월

하여 모든 삶에서 활동할 수 있다. 무의미하게 행동하는 것은 아무것도 될 수 없다. 하지만 누군가를 위해 진심을 다한다면, 그것이 봉사가 되는 것이다. 일반적인 봉사활동을 하지 않아도 봉사자가 될 수 있고 지루하고 평범한 삶이 봉사의 삶으로 바뀔 수도 있다.

그분들은 지금 이 순간에도 일상의 삶을 통해 내가 받았던 것처럼 누군가에게 도움을 주고 있을 것이다. 이제부터는 내가 받았던 행복들을 누군가에게 보답해 주고 싶다. 그분들이 걷고 있는 삶의 길을, 나도 걸어가 보려 한다. 봉사는 나의 삶이다.

힘겨운 인간관계의 삶에서
　　　벗어나기를 바라며

우리는 행복한 삶을 꿈꾸며 세상을 살아가고 있다. 그 속을 들여다보면 개인적으로 활동하는 시간보다 가정, 직장, 사회단체 속에서 활동하는 시간이 대부분이다. 잠자는 시간을 제외하면 인생의 전부라고 해도 과언이 아니다. 단체 속에서 아무리 일이 고되고 힘들어도 서로가 가족같이 즐겁다면, 행복감을 느낀다. 하지만 그렇지 못한 현실 속에서 머리가 아파져 온다. 현실을 복잡하고 힘들게 만드는 것, 바로 인간관계(이하 '관계')라 생각한다.

서로의 잘못된 언행에서 스트레스가 발생하며 관계는 나빠진다. 그것들이 쌓일수록 생활의 패턴과 건강까지 무너지고 그와 함께 삶도 망가져 이혼, 퇴사, 탈퇴, 생명까지도 포기하거나 앗아가게 된다. 개인마다의 생각, 자라온 환경, 주변의 여건 등이 모두 다른 상태에서, 같은 공간에 있다는 이유만으로 좋은 관계가 만들어진다는 것은 매우 힘든 일이다. 하지만 우리 모두의 노력으로 균형을 이룬다면 얼마든지 좋은 관계를 형성할 수 있으며, 단체의 생명은 건강한 상태로 유지되어 행복한 미래를 만들 수 있을 것이다.

행복한 미래를 위한 첫 번째는 인성이라 생각한다. 왜냐하면 인성이란 인간이 가지는 사고와 태도, 행동 특성으로 선과 악을 가늠하는 척도이며, 어떠하냐에 따라 하늘과 땅을 오가며 천 냥 빚을 갚을 수도, 칼이 되어 목숨을 잃게 할 수도 있기 때문이다. 일상에서 흔히 사용하는 '양심이 있다면 ~, 인간의 탈을 쓰고 ~' 라는 말은, 최소한의 도리에서 벗어나거나 예의가 없을 때 사용되는 말들이다. 즉, 인성의 문제이다.

과거 금전거래의 일이다. 상대는 초중고를 함께 나온 고향 친구였고 같은 계원이었다. 어느 날 갑자기 돈을 빌려 달라고 했다. 나의 형편이 넉넉하지 않다는 것을 충분히 표현

했지만, 듣는 척만 할 뿐 자기의 말만 늘어 놓았다. 그래도 친한 친구이기에 웃으며 빌려줬다. 그 이후 수 주에서 수 달 간격으로 계속해서 요구를 해왔고 금액은 커져만 갔다. 일곱 번 정도 이어졌을 때, 이건 아닌 것 같다는 생각이 들었다. 힘든 마음으로 이제는 그만하자고 얘기했다. 하지만 제때 갚아주고 이자까지 주는데 무엇이 문제냐는 것이었다. 이때의 친구는, 예전의 모습은 온데간데 없었고 비즈니스의 관계로만 나를 보는 것 같았다. 그래서 다시 한번 멈추자고 얘기했다. 그러자 친구는, 마지막으로 부탁한다며 말을 이어갔다. 귀를 의심했다. 최대 얼마까지 가능한지를 알아보고 최대 한도로 빌려 달라는 것이었다. 그 순간, 이것은 아니라는 결론을 내리며 한 번 더 금전을 요구한다면 관계는 끝이라는 말로 막을 내렸다. 하지만 끝난 것이 아니었다. 그 뒤 수개월이 지나 안부 연락이 왔고 과거의 기억은 잊은 채 기쁘게 만났다. 서로 다른 지역에 있었지만 직접 와 주어 고마웠다. 함께 식사도 하고 커피도 마시며 그동안에 있었던 얘기도 나눴다. 기분 좋게 헤어지고 몇 시간이 지났을 때였다. 문자가 왔고 내용은, 또 금전 요구였다. 그때부터 좋은 추억은 끝났다. 지금도 가끔 안부 전화가 오지만 예전의 좋은 기억은 없기에 나는 무감정으로 응답한다.

이 외에도 많은 금전거래가 있었다. 다음 주까지, 월급 타면, 여유가 되면 꼭 갚겠다며 요구를 해 왔고 나는 믿었다. 좋은 관계였기에 빚이 있는 상태에서 빚을 내주었다. 결과는 참패였다. 연락이 끊기거나 관계가 나빠졌다. 괘씸한 마음에 고소도 생각해 봤지만, 기억에서 지우기로 했다.

그들은 상대의 입장은 고려하지 않고 필요할 때만 이용하는 도구로 취급하며, 화장실에 들어갈 때와 나올 때의 마음이 달랐다. 지금은 이런 경우가 발생할 때, 내가 스트레스를 받는다면 관계가 나빠지지 않는 범위 내에서 정중히 거절하고 그 상황을 기억에서 지운다. 상대에게 부탁할 때는 먼저 양해를 구해 얘기하고, 상대의 응답에 수긍해야 한다. 일방적으로 집요하게 요구하고 처음에 들어줬으니, 이번에도 해줄 거라는 착각과 행태는 관계의 문제를 초래할 수밖에 없다. 말을 함부로 내뱉는 사람, 책임을 전가하는 사람, 성과를 가로채는 사람, 반성이 없는 사람 등도 마찬가지일 것이다.

나의 가족으로는 부모님과 형님 한 분이 있다. 나는 어릴 때부터 철이 없어 가족한테까지 막말하는 버릇이 있었다.

경비업계에 있을 때이다. 말을 함부로 내뱉는 습관으로 문제를 일으킨 적이 있었다. 직장동료인 여자들에게 재미삼아 뚱뚱하다, 못생겼다는 등 함부로 놀렸다. 또한 남녀 구분 없이 이름 대신 별명을 지어 부르며 욕설과 명령조의 발언을 남발했다. 아랫사람이고 본심이 아니었기에 그래도 된다고 생각했다. 그 일로 상대는 큰 상처를 받았으며 상부까지 보고가 되어 찾아가 사과하는 등 퇴사 직전까지 갔었다. 지금 돌이켜 보면, 퇴사 처리되지 않은 게 이상할 정도다. 이 같은 언행들은 상대에겐 비수가 되었고 나 자신을 깎아내렸다. 같은 실수를 반복하지 않기 위해 입을 무겁게 하고 말수를 줄이며 한 번 더 생각한 후 말하는 습관을 들이는 등 모든 일에서 평소보다 곱절로 노력했다.

이 일을 계기로 내 가족이 소중하듯 남의 가족도 소중하다는 걸 몸으로 깨달았다. 나의 올챙이 적 시절은 어떠했는지를 생각하며 인과응보(因果應報): 나쁜 일을 하면 벌을 받고, 착한 일을 하면 복을 받는다. 와 사필귀정(事必歸正): 모든 일은 반드시 올바르게 돌아간다. 을 마음속 깊이 새겼다.

두 번째로 변화를 생각해 본다. 왜냐하면 시간의 흐름 속에 우리가 사는 세상은 발전하고 있다. 그와 함께 변화는 자연의 섭리다. 윈스턴 처칠의 "발전하는 것은 변화하는 것이다. 완벽해지려면 끊임없이 자주 변화해야 한다."를 참고해 볼 필요가 있다. 용기를 내어 변화를 받아들이고 단체를 위해 최선을 다하는 사람이 많지만, 섣불리 도전했다가 실패해서 뒤처질까 두려워 안주하고 동료보다 자신의 실속만 챙기는 사람도 있다. 한마음으로 함께하지 못하기에 좋은 관계를 기대하기는 힘들다.

서비스업계에 있을 때다. 근무지가 여러 곳이었기에 로테이션으로 배정되었다. 어떤 곳은 공사로 직원들이 돌아가면서 매일 새벽 6시까지 출근해야 했다. 내가 그곳으로 배정된 시기는 겨울이었다. 6시까지 출근할 때는 힘이 들었다. 4시 반쯤 기다시피 일어나 준비해서 나오면, 매섭게 추운 캄캄한 밤이었다. 주 1회씩 돌아가면서 조기출근을 하도록 짜인 근무표가 무색하게, 이 사람 저 사람에게서 전화가 와서 대신 6시 출근을 지시했다. 그러다 보니 주 4~5회를 조기 출근하게 되었고 이러한 생활이 1개월 동안 지속되었다. 군대에 다시 온 기분이었다. 어떤 때는 늦은 밤에 전화가 와서는 내일 자기 대신 조기출근을 하라든지, 다음날 휴무여서 개인 볼일이 있었지만 자기가 쉬어야 하니 대신 출근하라는 지시를 받기도 했다. 상황을 얘기해도 선배가 시키면 토를 달지 말라는 것이었다. 근무지에 문제가 생기면 현장에 있는 사람이 책임감을 느끼고 즉각 조치해야 하지만 여기에 와서 이것 처리해라, 저것 처리해라 등 지시밖에 할 줄 몰랐다. 반면 성과 평가 시기가 도래할 때는 왜 그렇게도 열심히 하는지 너무나도 표나게 행동하였다. 그리고 부서장들 앞에서는 혼자서 모든 일을 다 한 듯 유세를 떨었다. 여기에 있으면서 지금까지 배운 것이 이것밖에 없구나라는 생각이 들었다. 그때 받은 스트레스로 간이 안 좋아져서 두 달 동안 약을 먹어야만 했다.

시간이 지나면서 환경과 관계들이 이해되었다. 한곳에서 수십 년간 있다 보니 우물 안 개구리가 돼 있었다. 이대로 가다가는 나도 똑같은 사람이 될 것 같았다.

그래서 뜻이 같은 사람과 함께 변화를 증명해 보이는 수밖에 없었다. 그 시간 동안 따가운 시선, 행동의 제약, 시기와 질투 등 거센 장벽에 부딪혀야 했다. 부서장과 끝없는 대화를 통해 현재의 문제와 원인을 파악하고 앞으로의 방향을 제시하고 시도했다. 즉 지금의 시스템과 자세를 바꾸어 모두가 즐겁게 일할 수 있는 관계를 만들겠다는 것이었다. 그 이후 주먹구구식으로 운영되던 근무시스템이 조금씩 자리를 잡기 시작했으며 근무자의 책임감도 달라졌다. 성과 평가는 매년 똑같은 내용을 형식으로만 제출하던 것을 육하원칙에 따라 구체적으로 기술하고, 경력이 많은 순이나 보여주기식 업무분장표는 실질적으로 일하는 사람에 맞게 편성되었다. 또 시대의 흐름에 맞게 팀명도 서비스에서 지원으로 변경하는 등 많은 부분에서 변화를 거듭하며 관계도 이전보다 크게 나아졌다. 갈망과 노력이 결과로 이어진 것이다.

만약 변화하고자 하는 용기를 내지 못했다면 퇴사했거나, 제2의 우물 안 개구리가 되어 변화에 뒤처진 채 남과 비교하며 불평불만 속에 살았을 것이다. 하지만 세상의 흐름에 맞추어 인내하며 나아갔고 상대도 마음의 문을 열고 경청하며 인정해 주었기에 조직문화를 바꾸고 함께 성장할 수 있었다.

처음부터 지금까지 별일 없었으니 이대로만 하면 된다며

제자리에 머물 것인지, 아니면 용기를 내어 알을 깨고 나와 새로운 생각으로 행동하고 변화하며 나아갈 것인지, 우리는 곰곰이 생각해 봐야 할 것이다.

세 번째는 봉사이다. 왜냐하면 동물도 자신을 챙겨주는 사람에게 잘 따르는 것처럼, 상대를 위해 자신을 희생하고 도와줄 때 관계를 치유하고 더 친밀하게 만드는 힘을 발휘하기 때문이다.

자기 것만 하는 사람, 편한 것만 찾는 사람, 솔선수범과 협동을 할 줄 모르는 사람으로만 이루어진 단체의 모습은 어떠하겠는가! 이러한 사람이 일부만 있어도 팀 분위기와 생산성은 현저히 떨어지고 정신적 고통 또한 클 것이다. 봉사는 절대 어렵거나 힘든 것이 아니다. 단지 옆에 있어 주며 안부를 묻고 걱정과 함께 믿어주며 밝은 모습으로 대해만 줘도 상대에게는 힐링이 되는 봉사가 된다. '너에게 두 손이 있는 이유는 너와 타인을 돕기 위해서이다'라는 글귀처럼, 봉사는 의무이자 함께 미래를 여는 희망의 에너지다.

이 외에도 단체에서 관계의 문제를 만드는 원인에는 수

많은 것들이 있다. 복합적으로 발생할 때는 그 피해가 곱이 된다. 하지만 위의 내용을 바탕으로 제대로 하고 있는지, 무엇이 부족한지를 생각하고 성찰해 나간다면 문제가 아닌 답을 찾을 것으로 생각한다.

마지막 얘기다. 한때 단체 내에서 좋은 관계를 만들기 위해 섣부른 의욕만 앞세워 노력했던 적이 있다. 하지만 바뀌는 것은 없었고 오히려 왕따가 될 뿐이었다. 스트레스로 매일 밤을 술에 의지해 잠을 청했고 하루하루를 힘들게 버티었다. 그 암흑의 동굴에서 나오며 깨달은 것이 있다. '내가 바뀌지 않으면 아무것도 바뀌지 않는다.'라는 것이었다. 나부터 먼저 굴레에서 벗어나 새로운 생활의 패턴을 만들고 생각을 넘어 실천해야 한다는 것이다. 왜냐하면 그때부터 한계의 극복이 시작되고 마음에 평온이 온다는 걸 직접 체감하고 있기 때문이다.

바꿔야 하는 데라고 생각만 하고 있던 소소한 것에서부터 시작하는 것이다.

화가 날 때면 나를 아껴주는 사람, 내가 사랑하는 사람,

내가 꿈꾸는 삶들을 떠올려 본다.

어렵지만 있는 그대로를 보여 주며 역지사지(易地思之): 상대편의 처지나 형편에서 생각하고 이해하라. 의 마음을 새긴다.

참고 버티다 한계에 부딪힐 때는 잠시 쉬어간다. 하지만 포기란 없다.

무의한 행동으로 아까운 시간을 낭비하지 않도록 힘이 필요할 때는 자존감을 높이는 이 문구를 떠올린다. '나는 미운 오리 새끼인가? 아니다. 나는 백조다!'

나와 이 세상의 모든 이들이 힘겨운 인간관계의 삶에서 벗어나기를 바라며, 언젠가는 행복한 날이 올 거라고, 지금 다시 희망을 품어본다.

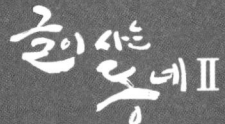

한숨

한숨은 누구나 쉴 수 있다.
하지만 그 한숨에는 각자의 무게가 실려있다.
그렇기에 한숨을 쉬는 사람을 본다면
차갑게 보거나 한심하게 생각하지 않았으면 한다.
누구나의 모습이 될 수 있기 때문이다.
가끔은 토닥이며, 위로와 격려를 해 줬으면 한다.
나는 오늘도 한숨을 쉬며 또다시 도약하려 한다.
겉으로 드러나지 않게 나만의 의지를 다지며
조용하게 '한숨'을 내쉰다.

(본문 중에서)

이종한

표현 하고 싶었다.
첫 번째는 생각으로
두 번째는 말로
세 번째는 글로
내 안의 나를 찾기위해
글을 쓴다.

이종한

한숨

한숨

한 걸음 두 걸음 계단을 오른다. 둥지가 가까이 보인다. 나도 모르게 한숨을 쉬고 있다. 둥지 출입문 앞에서 또 다시 깊게 한숨을 내쉰다. 숨소리가 누구인지 설명이라도 한 듯 둥지 안에 있는 사람들은 보지 않아도 나를 알아본다.

시간이 지날수록 한숨을 쉬는 횟수는 늘어갔다. '왜 한숨을 쉴까?'라는 의문이 들었다. 그래서 한숨의 사전적 의미부터 찾아보았다.

하나, 숨을 한 번 쉴 동안. 또는 잠깐 동안.

둘, 잠깐 동안의 휴식이나 잠.

셋, 근심이나 설움이 있을 때, 또는 긴장하였다가 안도할 때 길게 몰아서 내쉬는 숨.
세 가지의 사전적 의미는 나에게 모두 해당 되었다.

처음에는 둥지가 아닌 스피치 학원이었다.
나의 부족함을 채우기 위해 시작한 곳에서부터 '한숨'이라는 행위로 표출되었다. 말을 잘하는 방법을 배우기 위해 찾은 학원에서 첫 발표로 자기소개부터 의식처럼 시작했다. 수업은 발성 연습을 시작으로 강의를 듣고 쓰기를 반복하고 중간중간에 발표를 한다. 이상하게도 발성 연습 시간에는 눈치 보지 않고 마음껏 내쉬었다. 그래서인지 집중을 더 할 수 있었다. 하지만 발표하는 차례가 돌아오면 심장이 터져 나갈 것처럼 미친듯이 요동쳤다. 단상에 올라서서 한숨을 크게 내쉬면서 진정시킨 후 발표했다. 정해진 답이 있는 것이 아니라 내 생각을 표현하면 되는데도 불구하고 긴장했다. 내가 쉬는 한숨으로 인해 함께 수업하는 선생님들은 나를 더 자신감이 없는 사람으로 생각했다.
이런 과정들이 반복되었다.

거슬러 올라가면 숨으로 시작해서 한숨으로 이어졌다.
어려서부터 코가 자주 막혀 훌쩍거리며 콧물을 들어 마

셨다. 그마저도 감당이 안 되면 옷소매로 닦았다. 그러다 보니 콧물로 번들번들하고 하얀 때가 꼬질꼬질했다. 어렸을 때 누구나 경험했겠지만, 유달리 심했던 나는 코로 숨쉬기보다는 항상 입으로 내쉬었다. 사계절 중 여름을 제외한 나머지 계절에는 숨쉬기와의 전쟁이었다. 온도차이에 민감하게 반응했기 때문이다. 이렇게 숨을 제대로 쉬지 못해서 입으로 내쉬는 날들이 많아졌다. 하지만 이때까지는 그저 단순히 신체적인 문제로 인해 쉬는 한숨이었다.

이후 언제부터 시작되었는지는 잘 모르지만 일을 시작할 때면 의식처럼 한숨을 쉬었다. 일의 강도를 떠나서 시작하기 전에 숨 고르기를 하고 시작했다. 이는 나도 모르게 몸에 배여갔다. 주위 사람들이 뭐라 할 때도 있었다. 어떻게 보면 자신감 없는 모습으로 비쳤을지 모르지만 대수롭지 않게 생각했다. 왜냐하면 한숨으로 인해 나 자신은 마음을 가다듬고 시작할 수 있었다. 적극적으로 행동하지는 못했지만 나름의 의지를 불태우며 맡은 일에 집중할 수 있었기 때문이다.

누구나 한숨을 쉰다. 각자의 사정에 따라 다를 것이다.

나는 답이 없는 걱정으로 생각이 계속 맴돌 때 한숨을 쉬었다. 현실이라는 거친 세상에서 견디고 버티기 위한 몸짓이고 살아남기 위한 나 자신의 의지 표현이었다.

나에게 한숨은 어떻게 해야 할지 고민만 하지 말고 부딪혀 보자는 내면의 신호다.

현대중공업 협력업체에서 근무하고 있을 때이다. 중공업 안에서 군함 프로젝트 작업에 참여하라고 지시를 받았다. 순간 나도 모르게 한숨이 나왔다. 완성품 납품과 AS 업무를 주로 담당했던 나로서는 '과연 잘 해낼 수 있을까'라는 걱정에 수도 없이 한숨을 내쉬었다. 그건 아마도 새로운 환경에 대한 두려움과 적응해야 하는 상황에 대한 준비 작업이 었는지 모른다.

팀을 이끌고 본 작업에 들어갔다. 선박이랑 군함은 차원이 달랐다. 소재부터 자재에 이르기까지 리스트를 보며 하나씩 꼼꼼하게 확인했다. 선박보다는 군함이 요구하는 사항이 까다롭고 많았다. 또 깊게 한숨을 내쉬었다.

이번의 한숨은 기존에 알고 있는 것을 최대한 활용하고 새로운 것을 습득하고 받아들이자고 다짐하는 한숨이다.

궁금한 게 있으면 물어가면서 하나씩 맞춰 밑 작업부터 차근차근히 해 나갔다. 팀원들도 별문제 없이 믿고 따라 주었다. 첫 번째 작업이 마무리가 되어가고 1차 검사가 진행되었다. 검사가 진행되는 내내 초조하게 기다렸다. 걱정과는 달리 불량은 몇 건 발생하지 않았다. 중간중간 불량을 수정해 가며 두 번째 작업에 박차를 가했다. 1차 검사가 마무리되고 2차 검사를 위해 다른 곳으로 옮겨졌다. 작업은 순조로웠다. 며칠 뒤 2차 검사를 끝내고 다시 재입고되었다. 검사 결과 우리 팀 불량은 한두 건으로 양호했다. 불량을 수정하고 현대중공업, 해군, 국방부 관계자들의 입회하에 최종 검사가 진행되었다. 다행히 성공적으로 최종 검사 승인되었다. 휴~~우 안도의 깊은 한숨을 내쉬었다.

그동안 수많은 한숨을 내쉬었지만, 이날만큼은 특별히 다르게 느껴졌다. 처음으로 팀을 이루어 회사를 대표해 작업을 진행하면서 말 못 할 고충과 무게에 힘겨웠다. 첫 작업이 성공하면서 '고생했다'라는 말 한마디에 인정받았다는 사실에 얼마나 뿌듯했는지 모른다. 묵묵히 일한 나 자신에게 칭찬해 주는 달콤한 말이었다. 이때부터인지 잘 모르겠지만 조금씩 자신감을 가지고 적극적으로 행동했다.

나중에 알게 된 사실이지만 이 군함 프로젝트는 우리나라 바다를 지키는 두 번째 이지스함인 '율곡 이이함'이다. 이 프로젝트에 참여하여 얼마나 뿌듯한지 모른다.

일반적으로 사람들은 한숨을 답답할 때 혹은 하기 싫은 일을 해야 할 때 주로 내쉰다. 하지만 나에게 있어 한숨은 현실을 버티고 견뎌내기 위한 숨 고르기이자 의지의 표현이다. 그리고 한걸음 도약하기 위한 나만의 성장 동력이다.

나의 한숨을 다시 정리하면 다음과 같다.

첫째, 걱정의 한숨은 환경에 적응하기 위한 몸부림이다.

둘째, 다짐의 한숨은 관찰을 통해 습득하고 책임을 다하는 과정이다.

셋째, 마무리 한숨은 잘 해내었다는 안도, 그에 따르는 성취로 이어지는 감격의 표현이다.

한숨은 누구나 쉴 수 있다. 하지만 그 한숨에는 각자의 무게가 실려있다. 그렇기에 한숨을 쉬는 사람을 본다면 차갑게 보거나 한심하게 생각하지 않았으면 한다. 누구나의 모습이 될 수 있기 때문이다. 가끔은 토닥이며, 위로와 격려를 해 줬으면 한다. 나는 오늘도 한숨을 쉬며 또다시 도약하려 한다. 겉으로 드러나지 않게 나만의 의지를 다지며 조용하게 '한숨'을 내쉰다.

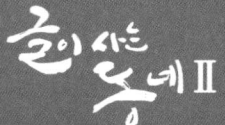

나만 힘든 줄 알았어

그럼에도 끝까지 치고 나가 기어이 자기의 길을 만들고
그 길 위에서 당당하게 걸어가는 사람들이 있다.
바로 나에게 이정표를 내민 사람들이다.
그 사람들에게서 공통으로 발견한 것이 '의미, 책임, 신뢰'를 바탕으로
원하는 삶을 향해 지속적으로 걸어간다는 것이다.
그 사람들이 내밀어 준 이정표 덕분에 '나만 힘든 줄 알았어'가
삶이 보내는 위안이라는 것을 알게된 것이다.

(본문 중에서)

손민경

나에게 허락된 단 한번의 오늘을
잃어버리지 않으려고 글을 쓰는
사람.

손민경

나만 힘든 줄 알았어
엄마가 엄마에게
익어가고 싶다
불면의 밤은 꿈을 잉태하고
금요일 밤이 되면 침묵하는 사람들

나만 힘든 줄 알았어

나만 힘든 줄 알았다.
그때는.

세상이 온통 나를 못 잡아먹어 안달이 난 듯 나에게만 화 낸다고 원망하던 시절이 있었다. 사람들은 저마다 자기 길을 따라 잘 가는 것 같은데 나는 방향조차 정하지 못한 채 악만 쓰고 있었다.

그러던 어느 날 멀리 숲속에서 희미한 불빛 하나를 발견했고 빛에 이끌려 와보니 둥지였다.
그때 내 나이 마흔넷.

꿈을 꾸기에도 포기하기에도 애매한 나이라 생각하며 머뭇거리는 나에게 둥지에서 만난 사람들은 이정표 하나를 내밀었다.

이정표에는 '지속'이란 글귀가 큼지막하게 박혀있었고 그 밑에 '의미, 책임, 신뢰'가 자그마하게 새겨져 있었다.

'지속하는 사람이 결국 자기의 길을 만든다는 것, 지속하는 힘은 의미, 책임, 신뢰가 바탕이 될 때 가능해진다.'라는 뜻이 담긴 이정표 같았다.

나름 성공한 삶을 살았다고 자부했는데 발표 불안이라는 불청객이 직장에서, 사회에서 스스로를 위축시킨다는 것을 알아차리고 달려온 사람, 자존감을 높이고 싶어서, 우울증과 공황 장애를 치유하고 싶어서, 건배 제의가 어려워서, 승진을 앞두고, 회장 취임사 때문에, 행사 사회를 잘 보려고, 그리고 자녀 결혼을 앞두고, 자녀와 관계를 회복하려고, 아이를 잘 키우려고, 고입, 대입, 취업 면접을 잘 치르려고, 상담을 잘하고 싶어서, 꿈을 찾고 싶어서, 인생 2막을 준비하려고 등 저마다 살아가는 방식이 다르고, 둥지를 찾은 목적도 다르지만 자신의 문제 앞에서 힘들어하는 모습은 닮은 듯했다.

둥지를 찾아온 대부분의 사람들은 힘든 것을 해결하고 목적을 이루겠다는 야심 찬 각오로 스피치 과정을 시작한다.

하지만 시간이 지나면서 처음 먹은 마음이 흐려지다가 포기하는 경우가 많다.

생업과 배움을 병행해야 하는 현실적 어려움 때문이기도 하지만, 각자 가지고 있는 문제가 어디에서 비롯되었는지 원인을 찾는 것이 녹녹치가 않다. 원인을 찾으려면 지난날의 상처와 마주해야 하는데 용기가 나지 않는것 같았다. 결국 바쁘다는 핑계로 한두 번 결석하다가 포기해 버리고 만다.

상처를 도려내는 과정이 두려워 소독 후 붕대로 밀봉해 버리는 것처럼 말이다.

안에서는 계속 곪고 있을지도 모르는데.

반면 그럼에도 끝까지 치고 나가 기어이 자기의 길을 만들고 그 길 위에서 당당하게 걸어가는 사람들이 있다.

바로 나에게 이정표를 내민 사람들이다.

그 사람들에게서 공통으로 발견한 것이 '의미, 책임, 신뢰'를 바탕으로 원하는 삶을 향해 지속적으로 걸어간다는 것이다.

그 사람들이 내밀어 준 이정표 덕분에 '나만 힘든 줄 알았어'가 삶이 보내는 위안이라는 것을 알게된 것이다.

예전에는 나만 힘든 줄 알았는데 지금은 나만 힘든 게 아니고 누구나 힘들게 살아간다는 것을 말이다.

그렇다면 여기서 왜 나만 힘든다고 생각했을까?

경험 부족으로 인해 세상 보는 시야가 좁았던 것이다. 자기 눈에 보이는 세상이 다인 줄 알다 보니 자기가 겪은 것이 가장 힘든 줄 알았던 것이다. 상대방 팔 부러진 것보다 자기 손톱 밑에 박힌 가시가 더 아픈 것처럼 말이다.

젊은 날의 나는 그 어디에 있어도 온전히 그곳에 집중하지 못했다.

마지못해 해치워야 하는 일처럼 대할 때가 많았고 친구들과 모임을 할 때도 주로 하게 되는 일상적인 얘기들 속에 섞이지 못했다.

나의 관심 분야와 맞지 않아서다.

나는 진지한 대화를 하고 싶어했다.

그땐 그것이 뭔지도 모르면서 그래야 나하고 대화가 통한다고 믿었다.

지금 생각해 보면 내가 나누고 싶었던 진지한 대화는 각자의 꿈과 관련된 것이었다.

그런 성격이다 보니 또래들은 철이 없어 보였고, 시시하게 느껴진다는 생각을 많이 했던 것 같다. 조숙했는지, 겉멋이 들었는지 아무튼 그랬다.

그런 나에게 친구들은,

'이상주의자다, 망상가다, 차갑다, 다가가기 어렵다.'라며 핀잔을 줄 때가 많았다.

왜 그랬을까 생각해 보니

내가 직, 간접으로 경험한 세상만이 전부라고 믿는 편협함 때문이라는 것을 알게 되었다.

내가 좋아하고 관심 있는 것은 취하고 아니라고 생각하는 것은 배척하는 이기심이 시야를 좁게 만들었던 것이다.

나와 성격이 맞지 않는 사람은 만나기 싫어했고, 마음이 내키지 않는 곳에 가느니 혼자 있는 것을 좋아했다.

책도 내 취향에 맞는 것만 찾아서 읽었고, 학교 다닐 때 교과서 또한 좋아하는 과목만 죽어라고 읽고 또 읽었던 기억이 난다.

하나에 꽂히면 싫증 날 때까지 몰입하는 습관도 거기에서 비롯된 것이 아닌가 싶다.

 내가 좋아하는 분야는 대부분 우뇌 쪽이다.
 새 학기가 되어 교재를 받으면 제일 먼저 펼쳐보는 과목이 국어이다. 그것도 시와 소설이 실린 페이지를 찾아 단숨에 읽어버리곤 했다. 반면 좌뇌 쪽은 소름끼치게 싫어했다. 그러다 보니 밤새워 공부해서 기껏 확보해 놓은 성적을 수학과 과학이 반납해 버리기 일쑤였다.
 반쪽 뇌만 사용하면서 반쪽 삶의 한계에 갇혀 힘들어 했다는 것을 둥지에서 만난 다양한 사람들을 보면서 알게 되었던 것이다.
 나와 비슷한 삶을 살았거나 더 힘들게 살아온 사람들이 힘든 여건 속에서도 자기의 길을 찾아 꿋꿋하게 나아가고 있다는 것을.

 그 사람들을 통해 '나만 힘든 게 아니구나!, 대부분 그렇게 사는구나!, 당연한 거구나!, 그게 삶이구나!'라고 이해하게 되면서 위안을 받았던 것이다.
 다시 말해, 힘 드는 것은 마음에 들지 않는 나의 현실을 받아들이지 못해서이고, 위안은 받아들였기 때문이라는 것을 말이다.

하여 '나만 힘든 줄 알았어'는 자신 앞에 펼쳐진 현실을 못 받아들이던 내가 이해하는 나로 변해가는 과정속에서 마음의 안정을 찾았다는 의미가 된다.

삶이 보내는 위안이라 생각한 이유이고, 거기에 보태어 다시 꿈꿀 수 있다는 가능성을 확인하게 된 것이다.

그렇다면 여기서,

나처럼 혹은 나보다 더 힘들게 살아왔다고 느껴지는 사람들을 보는데 왜 위안이 되었을까?

나만 힘들게 살아왔다고 생각하다가 대부분의 사람들이 아픔을 겪으며 살아가고 있다는 사실을 발견하고 느낀 동질감이 위안을 주었다는 것을 알게 되었다.

이 사실을 깨우치게 해준 것이 이정표이고 이정표에 새겨진 키워드를 엮으니 내 삶을 밝히는 철학이 되었다.

꿈꾸었던 길을 가게 하는 길잡이가 되어 준 것이다.

'지속은 의미에서 발화된 간절함이 책임의 강을 이루게 하여 신뢰의 바다에 닿게 한다.' 그것이다.

철학은 남과 비교하는 시선을 거두어 어제의 나와 오늘의 나를 비교 하는데 초점을 맞추게 했다. 내 능력의 한계를 정확하게 알아차리게 하여 능력 밖의 일에 헛힘 쓰지 않게 해주었다.

그로 인해 내가 있어야 할 자리에서 내가 맡은 역할에 책임을 다하는 삶의 자세를 지속 할 수 있도록 해주었다.

엄마가 엄마에게

구월 하고도 이틀 째 되던 날 아침 출근길에,
시간의 속도가 나이에 비례한다더니 정말 그런가보다 생각하며 숲길을 걷고 있는데 손에 들고 있던 폰이 울려대기 시작한다.
그때는 몰랐다.
휴대폰 벨 소리가 시간의 목덜미를 잡게 하는 트리거였다는 것을.
휴대폰에서 들리는 딸의 목소리가 걷고 있는 나보다도 숨이 차다.
"엄마 할머니 되겠네"
"무슨 말이야?"

"나 임신했어."

갑자기 숨이 턱 막히더니 "쌍둥이래 그것도 세 명" 이어진 다음 말에 "세상에, 세상에"라는 말만 연거푸 쏟아내며 뒷목을 잡는다.

분명 까무러칠 만큼 기쁜 소식인데 기뻐할 여유도 주지 않고 두려움과 걱정이 밀고 들어온다.

'어떻게 이런 일이'

뉴스에서나 접할법한 일이 딸에게 일어났다는 사실이 믿기지가 않았다. 한 명 임신하는 데 따르는 고통도 어마무시 할텐데 어떻게 감당해 내려나 싶었다. 그렇다고 말릴 수도 없었다.

몇 번의 아픔과 좌절의 밤을 보내고 다시 용기 내어 성공한 임신이었기 때문이다.

세 명은 위험하기 때문에 한 명은 포기해야 한다고 의사가 강하게 권유했지만 단호하게 "나에게 온 소중한 생명 절대 포기 못 합니다. 모두 품고 갈거에요."라고 말하고 도리어 의사에게 "용기를 실어 주시면 안 될까요?"라고 했더니 그제야 웃으며 건강하게 출산하고 꼭 아이들 데리고 놀러 오라는 응원까지 받았다고 한다.

딸의 고위험 임산부 여정은 그렇게 시작되었다.

입덧으로 인한 구토, 빈혈, 손발 저림 등 임산부라면 흔히 겪게 되는 증상들은 훈장으로 받아들이며 잘 버텼는데 24주 차쯤에 시작된 조기 수축은 상상조차 할 수 없는 고통의 구덩이로 밀어 넣었다.

응급실과 고위험 집중치료실 그리고 일반 병실을 오가며 외롭고 힘든 시간을 견뎌내는 딸을 보면서 내가 할 수 있는 일이라곤

'한 주만 더, 하루만 더' 기도하며 지켜보는 것 뿐이었다. 손살같던 시간이 멈춰버린 듯 어찌 그리 더디게 느껴지는지.

어느 날 밤은 병원에서 시간과의 외로운 싸움을 하는 딸이 너무 안쓰러워

'우리 딸 힘들어서 어쩌지?'라며 톡을 보냈더니 "아이들이 엄마가 보고 싶어 보내는 신호라 생각하며 오롯이 느껴 볼 거야"라는 답장이 화이팅 이모티콘과 함께 날아왔다.

조금만 아파도 엄살을 부리고 짜증을 잘 내던 딸이 산고를 혼자 씩씩하게 견뎌내는 모습을 보자 엄마가 되면 저렇게 변하는구나 싶었다. 그러다 문득 철없는 엄마이던시절 내 모습이 떠올랐다.

내 마음에 들게 아이를 이끌려고 했던 일, 내가 맘대로 할 수 있다는 착각에 조급하게 내몰았던 조기교육의 세상, 그것이 엄마가 해야 하는 의무라 철썩 같이 믿으며 단호하게 밀어붙였던 순간들이 후회의 파편이 되어 기억 구석구석에 박혀있었다.

그래서 얼마간의 고심을 거친 후 '엄마가 엄마에게'라는 제목을 붙여 기억 구석구석에 박혀있는 후회의 파편들을 끌어모아 글에 담기로 했다.

'다시 그때로 돌아갈 수 있다면 더 잘 키웠을텐데'라며 가슴 아파하는 전철을 딸이 밟지 않기를 바라면서.

엄마라는 이름은 산고를 겪은 사람만이 가질 수 있는 특권이 아닌가 싶다.

아무리 돈이 많아도 힘이 있어도 가질 수 없는 이름, 생명을 품고, 낳고, 키우는 과정을 겪은 사람만이 가질 수 있는 이름이 엄마이다. 아무나 닿을 수 없는 특별한 경지에 존재하는 이름이기에 특권이라 생각한다.

그런데 힘든 과정을 겪고 취득한 엄마라는 특권을 왜 제대로 누리며 살지 못할까?

엄마와 자식을 분리하지 못해서일까?

내 속으로 낳은 내 자식이라는 프레임에 갇혀 집착하고 개입하기 때문일까?

가수가 꿈이기 때문에 예고에 가야 한다고 떼쓰는 딸에게 그 길이 험난하다는 이유로 단칼에 잘라버린 것이 두고두고 딸을 흥분시키는 자극제가 되곤 했다.

널 위해서라고 굳게 믿었는데.

널 위해서라는 말 속에 자식 잘 키웠단 소리를 듣고 싶은 욕구가 숨어 있고, 그 욕구는 보상 심리를 발동시킨다는 것을 그땐 왜 몰랐을까?

보상 심리는 성장하려는 동기를 자극하는 긍정적인 측면도 있지만 되갚아 주려는 부정적인 쪽으로 흐르는 경우도 많다.

과거에 자기가 부족하고 누리지 못한 것을 채우기 위해 노력하기도 하지만 자기가 겪은 것을 다른 사람들도 겪어야 공평하다는 착각을 하게도 한다.

가난 때문에 공부를 제대로 못한 부모가 자식에게 가난을 되물림하지 않기 위해 더 열심히 일을 하고 악착같이 공부시키는 경우가 있는가 하면 시집살이 호되게 치렀던 시어머니가 며느리 편한 꼴을 보지 못하거나 군대 말년 고참이 자기가 당한 괴롭힘을 부하들에게 되물림하려고 군기 잡는 모습도 보상 심리에서 나오는 행동이라 할 수 있다.

이처럼 자식을 통해 지난날의 결핍을 보상받으려는 욕구가 엄마라는 특권을 누리지 못하게 방해하는 것이다.

부족하면 채우고 싶고, 좋은 일을 하면 칭찬받고 싶고, 자신이 발휘한 능력에 대해 인정 받고 싶은 것이 인간의 당연한 욕구지만 욕구가 충족되지 않으면 상처를 주거나 받게 되니 문제가 된다.

'널 위해서 한 좋은 동기의 행동들이. 널 어떻게 키웠는데 이럴 수 있어?'가 되는 것이다.

보상 심리를 성장의 에너지로 만들려면 어찌해야 할까?

둥지에 와서 배우고 효과를 보고 있는 방법, 바로 존재의 의미를 찾는 것이다.

'엄마에게 자식은 어떤 존재일까?'를 '자식에게 엄마는 어떤 존재일까?'로 바꾸는 것이다.

'이 세상에 단 하나뿐인 엄마에게 자식은 무엇을 원할까, 어떤 엄마를 필요로 할까?'라는 질문을 스스로에게 던지면 자식에게 엄마라는 존재가 어떤 의미인지 알게 되고 엄마로서의 책임을 다하려고 노력하게 될 것이다.

 힘겨운 시간을 견뎌내고 있는 딸을 지켜보며 다짐한 것이 있었다.
 엄마를 필요로 할 땐 무조건 달려갈 것이라고, 그것이 엄마가 해야 할 역할이라 생각했다. 그때부터 매일 아침 딸의 집으로 출근하고 청소와 식사 그리고 심부름까지 원하는 것은 무엇이든 꼼꼼하게 챙겨 주려고 애를 썼다. 다짐 효과인지 통장 잔고가 줄어들어도 아깝지 않았다.

 그런데 어느 날 너무 한다는 생각을 하게 만드는 일이 발생했다.
 딸의 집에는 키운 지 2년쯤 되는 애견 토리가 있다. 딸네 부부가 애지중지 자식처럼 키우고 있다.
 입원으로 인해 집을 비우는 날이 길어지자 고심 끝에 나에게 부탁을 했다. 집에 가서 토리를 좀 돌봐달라는 것이다.
 딸을 걱정하느라 마음의 여유가 없던 차에 그 말을 들어서인지 나도 모르게 '이 시국에 애견까지 챙겨야 하나' 하는 생각이 감정을 자극했다.
 앞으로 아이들이 태어나면 함께 키울 수 있을지 염려되

었던 터라 더 민감하게 받아들였던 것 같다.

하지만 딸이 스트레스 받으면 안 된다는 것을 알기에 일단 알겠다고 대답을 하고 집을 나서는데 갑자기 엄마를 필요로 할 땐 무조건 달려가겠다고 한 다짐이 떠올랐다.

그래서 다시 나에게 질문을 던졌다.

'지금 딸은 엄마에게 무엇을 원할까?'라고.

거짓말처럼 딸의 마음을 헤아리기 위해 집중하는 나를 발견했다.

'혼자 있는 토리가 밥을 못 먹을까봐 걱정되는구나, 세쌍둥이가 태어나는데 애견까지 어떻게 키우려 하느냐고 걱정하는 사람들이 많지만 엄마 만큼은 토리에 대한 자기 마음이 어떤지, 토리가 어떤 의미인지 알고 있기 때문에 바빠도 부탁을 들어줄 거라 믿었겠구나' 하는 생각이 들었다.

엄마는 어떤 순간이 와도 자기 편이 되어줄 거라 믿었을 것이다.

이것이 존재의 의미가 아닐까?

존재의 의미를 생각할 줄 아는 엄마의 모습이 될 때 서로 존중하고 아끼는 건강한 가족이 될 것이라 믿는다.

자기 길을 선택하는 힘을 가진 자존감 높은 모습으로 인생을 경영해 나가는 자식이 될 것이고, 자식을 한 사람의 인격체로 인정하고 선을 지키면서 자기 인생을 살아가는 지혜로운 엄마가 될 것이다.

이것이 특권을 제대로 누리는 모습이 아닐까?

하루가 십 년처럼 느껴지던 시간이 흘러 드디어 출산했다.

계획보다 한 주 당겨졌지만 너무 감사하게도 산모도 아이들도 모두 건강했다.

이른둥이라 니큐 신세를 얼마간 지고 집으로 왔다.

병원으로 아이들 보러 가던 어느 날

차 안에서 딸이 했던 말이 뇌리에서 떠나지 않는다.

"상상도 못 했는데 세 아이가 나에게 왔네, 갑자기 두려워지더라, 어떻게 키워야 할까? 내가 잘할 수 있을까? 내가 세 아이의 엄마라는 게 믿기지가 않아."라고 말하는 딸의 옆얼굴을 보면서 '겉으로는 씩씩한 척했지만 속으로는 두려워하고 있었구나, 세 아이의 엄마가 되는 현실이 주는 책임의 무게가 버겁게 느껴졌겠구나'하는 생각이 들었다. 그러면서

서정주 님의 한 송이 국화꽃을 피우기 위해 봄부터 소쩍새는 그렇게 울었나 보다를 읊으며 산고를 견디던 먼 옛날의 내 모습이 오버랩되었다.

천둥, 번개, 반짝이라는 태명으로 찾아와서 이서, 이진, 이찬이라는 이름으로 품에 안긴 삼둥이와 함께 건강하고, 사랑이 충만한 가정을 가꾸며 잘 살아갈 거라 믿는다.

익어가고 싶다

 나이 들어간다는 것을 피부 깊숙이 느끼게 되는 요즘이다.
 오랜만에 만난 사람이 늙었다고 느껴질 때, 또래 지인에게서 부모님의 부고나 자녀 결혼식 청첩장이 날아올 때 나이 들어가고 있다는 것을 실감하게 된다.
 서른즈음인가 진달래 그림을 선물 받은 적이 있다.
 분홍색 진달래꽃이 화사하게 피어있고 한쪽 모서리에 한문 글귀가 박혀있는 그림이다. "화무십일홍(化無十日紅) 제아무리 아름다운 꽃도 열흘을 넘기지 못한다 하니 지금 젊고 아름답다고 너무 자만하지 마세요."라는 뜻이라고 친절하게 일러주며 안겨 주었다. 그땐 나와는 상관없다는 듯 피식 웃었던 것 같은데 불현듯 그때 일이 떠오르는 걸 보니 나이 들어가고 있나 보다 싶다.

  나이 들어간다는 말 속에는 성장의 뜻도 있지만 늙는다는 뜻이 강하게 담겨 있다.

  늙는다는 말을 들으면 쇠약해지고, 무기력해지고, 추해지고, 병들어가는 모습이 연상된다. 새로운 것을 받아들이기 불편해하고, 익숙한 것에 안주하며, 체념을 젊은 사람들을 위한 배려쯤으로 여기는 나약한 모습도 떠오른다.

  한마디로 부정 기운의 집합체라 할 수 있다.

  제아무리 재력과 권력을 갖춰도 흐르는 세월을 막을 순 없다. 시간이 가면 나이가 들고, 나이가 들면 늙게 되고, 늙으면 병이 들고 그러다 소멸하는 것이 자연의 이치다.

  여기에까지 생각이 미치자 갑자기 '거스를 수 없는 순리이니 닥치고 받아들이란 말인가?'하는 의문이 오기를 발동시킨다.

  발동된 오기는 '어떻게 나이 들어가지?'라는 질문을 스스로에게 던지게 했고, 어느 날 고급 13기 1교재 마무리하는 수업에서 '늙어가는 것이 아니라 익어가는 겁니다'라는 노래 가사를 들려주면서 잘 익어가고 싶어 공부합니다'라는 한

분의 말이 무릎을 치게 했다.

그때부터 늙는다는 말이 들릴 때마다 익어간다는 말로 미화시켜서 내 안에 저장시키곤 했다. 익어가는 모습에 대한 구체적인 상도 없이.

그래서 상상해 보았다. 익어가는 모습에 대해, 익어가는 모습이라 생각되었던 장면은 나이를 잊은 모습이라는 것을 알게 되었다.

나이를 잊은 모습은 오늘에 집중하는 모습이다.

오늘에 집중한다는 것은 오늘 해야 할 일에 책임을 다하는 모습이다.

오늘 해야 할 일에 책임을 다하는 모습은 한 번에 하나씩 그 일에 몰입한 상태다.

몰입하게 되면 그 일에 담긴 의미를 알게 된다. 나이를 잊게 되는 지점이라 생각한다. '소통, 독서, 봉사' 프로그램을 펼치며 의미 실현해 나가고 있는 둥지에서는 세대 차이가 느껴지지 않는다고 말하는 이유가 여기에 있지 않을까 싶다.

'저 모습이 익어가는 모습이지'라고 느끼게 했던 한 사람이 떠오른다.

노노 시대가 무엇인지 가르쳐준 사람이다. 팔십에도 배움이 늘 목마른 사람이라 단숨에 스피치 수업 실전 과정을 거쳐 고급을 완주했고 자격증까지 취득했다. 삶이 허락하는 날까지 배우고 나누는 삶을 실천하는 자애로운 노인이 되어 후배들에게 롤모델이 되겠다는 꿈을 품고 열정을 쏟고 있다.

그녀가 가르쳐준 노노 시대란 노인이 노인을 케어하는 시대라고 한다.

팔십 먹은 노인이 칠십 먹은 노인을 케어해 준다고 한다.

신기하고 놀라움에 그녀를 관찰해 보았다.

어떻게 그것이 가능한지를.

배움에 대한 열정과 늘 현역처럼 활동하려는 삶의 자세에서 나오는 모습이란 걸 알게 되었다. 그녀를 움직이게 한 것은 상실의 자리를 채웠던 외로움인 듯했다.

사랑하는 사람이 떠난 빈자리가 남긴 외로움이었다. 외로움을 이겨내기 위해 배움이 있는 곳을 찾았고 배움이 세상으로 나가는 길을 터주었다. 적극적으로 삶에 임하는 자세로 바뀌게 했던 것이다.

배우는 과정에서 알게 되었을 것이다.

외로움은 자기 존재의 의미를 느끼고 싶은 간절함이 보

내는 신호라는 것을.

자기 존재의 의미를 느끼며 살고 싶은 간절함이 잠재 능력을 일깨워 계발시킨 다음 행동으로 옮기게 했다는 것을.

고급과정을 완주하고 마무리 강연을 하는 무대에서 했던 말이 잊혀지지가 않는다.

"건강이 허락하는 날까지 계속 배우고 내가 할 수 있는 역할을 찾아 책임을 다하며 살겠습니다. 나를 롤모델로 생각하는 사람이 있다는 사실이 너무 영광스럽습니다." 라고 말을 하며 수줍은 듯 미소를 짓는 것이다.

나이를 잊은, 익어가는 모습이 저런 모습이 아닐까, 생각하면서 나 또한 그녀처럼 익어가고 싶어졌다.

그래서 생각해 보았다. 어떻게 해야 잘 익어갈 수 있는지를.

나이를 잊게 하는 일은 좋아하는 일이어야 하고 의미가 느껴지는 일이어야 한다.

좋아하고 의미가 느껴지면 시키지 않아도 하게 되고 싫증을 내지 않게 된다.

중요한 것은 지속할 수 있는가이다.

나는 지속하는 힘을 지키기 위해 물음표를 가슴에 품었다.

나의 물음표는 '나는 지금 잘 가고 있는가?'이다.

지치거나 안주하고 싶어질 때 물음표를 던지면 '?'가 송곳으로 변신해 의지를 자극해 준다. 자극받은 의지는 내가 있어야 할 곳, 해야 할 일이 무엇인지, 왜 해야 하는지를 다시 상기시키며 오늘에 집중하게 해준다.

담 너머 남의 집 살림을 기웃대던 시선을 안으로 돌려 내 집 살림을 가꾸게 해준 것도 물음표다.

자기만의 물음표를 가슴에 품고 오늘에 집중하며 살아간다면, 자기가 우려낼 수 있는 최고의 맛을 우려내는 경지에 도달할 것이다.

스스로 완성이라 자평할 수 있는 인생의 맛을 우려낼 것이다.

이것이 잘 익어가는 모습이 아닐까?

나는 이렇게 익어가고 싶다.

불면의 밤은 꿈을 잉태하고

둥지에 오고 설 명절이 열세 번이나 지나갔다.

마음은 아직 처음 올 때만큼인데 몸은 세월을 거스를 수가 없다는 생각이 자주 들었던 3월 어느 날이다.

"실장님 119 좀 불러 주세요"

편의점에 물건 사러 갔다가 돌아온 원장님이 창백한 얼굴로 테이블에 풀썩 주저앉더니 다급하게 숨을 몰아쉬며 외친다.

깜짝 놀란 나는 처음엔 농담인 줄 알았다. 조금 전까지 씩씩했던 사람이 무슨 일이지 하다가 식은땀까지 흘리는 것을 보고 얼른 119에 전화했다. 그리고 골든타임을 놓치면 안 된다는 말이 퍼뜩 떠올라 주워들었던 정보들을 총동원시켜 응급 처치를 해보려 했다. 그런 나를 말리면서 조금씩 나아지는 것 같다고 말하더니 일 층까지 내려가 보자고 했다. 그 와중에 4층을 오르내려야 하는 구조대원들의 고충을 염려하는 것이다. 난간을 꼭 잡고 다리에 힘을 주면서 한 계단씩 내려갔다. 일 층 계단 입구까지 내려가자 들것을 옆에 끼고 막 올라오려고 하던 구조대원들이 원장님을 재빠르게 부축하더니 차에 있는 침대에 눕혔다. 그리고 간단한 응급 처치를 하면서 ○○병원을 향해 전속력으로 달렸다.

병원에 도착해 수속을 밟고 환자복을 갈아입은 후 응급실 침대에 누운 원장님은 순식간에 중환자가 된 것 같았다.

그때부터 하얀 가운을 입은 담당자들이 부산하게 사인을 주고받으며 혈압 측정, 혈액 검사, 심전도, 시티, 엠알아이 등의 진료 소견들을 기록지에 채워 나갔다.

2시간쯤 지나자 모든 검사가 끝났다며 검진 결과를 알려주었다. 모든 것이 정상이라 했다. 다행이라는 생각은 들었지만 개운치가 않았다. 뚜렷한 원인이 있으면 치료하면 되는데 모든 것이 정상이라고 하는데 왜 현기증이 났을까 싶어 재차 물어보았더니 과로로 인한 스트레스 때문일 수 있다고 했다. 요즘 극도로 신경을 쓰는 일들이 많아 잠을 거의 자지 못한다고 스치듯 했던 말이 생각났다.

생각을 연구하고 프로그램을 계발하여 강연과 글 등으로 교육생들을 이끌어야 하는 삶이다 보니 불면의 밤은 당연한 일상이 되어 버린 지 오래다. 극도로 예민한 성격 탓도 있겠지만 다양한 사람들 속에서 발생하는 문제들에 대한 책임의 무게가 불면증을 더 깊어지도록 하는 것 같았다. 부족한 수면을 점심 식사 후의 낮잠으로 채우다 보니 피로와 스트레스는 분신처럼 따라다니는 것 같았다.

원장님은 좋은 영향을 주는 즉, 자기가 만나는 사람들을 수업과 강연 그리고 글을 통해 좋은 영향을 주는 것이 꿈이자 존재의 의미인 사람이다.

좋은 영향을 주었을 때 자기답다는 생각이 들면서 가슴이 뜨거워지고 살아있음을 느낀다고 한다. 그럴 땐 꿀잠을 잔다. 그런데 의미에서 벗어난 행동을 했을 땐 도통 잠을 이루지 못한다. 예를 들어 상대방을 도와준다는 의도에서 행한 말이나 행동이 상처를 주게 되었거나 능력을 키워주려고 했던 강한 피드백이 오히려 자신감을 떨어뜨리는 결과로 작용되었을 때 한계를 느끼며 자책한다. 자신이 한없이 못나 보이고 쓸모없는 사람이라는 생각이 들었던 것이다. 그런 날은 모두가 잠든 밤, 홀로 술잔을 기울이며 자신이 했던 행동들을 낱낱이 분석하고 문제점을 찾았다. 자기답지 못했던 순간이 떠오르면 입술을 잘근잘근 깨물며 가슴을 쳤다. 후회가 회의로 바뀌면서 우울 속으로 빠져들기도 하지만 의식의 추가 우울 쪽으로 완전히 기울도록 내버려두지는 않았다. 지금까지 직간접 경험을 통해 쌓아온 공부가 팽팽한 근력을 만들어 중심을 잡아 주기 때문이리라.

　원장님의 화두인 '과연 나는 무엇으로 나인가?'라는 질문에 대한 답을 찾아가는 과정이 때론 고달프고 아픔이 따르지만 그럼에도 인정하고 받아들여야 한다는 내면의 외침이 되어 의식을 깨웠다. 자신과 나눈 질문과 대답의 과정을 통해 다시 깨닫게 된 삶의 지혜를 프로그램에 녹이고, 결과를 유추해 본다. 걸려 넘어지게 했던 장애물을 발전의 디딤돌로 만들었다는 뿌듯함을 느끼며 구석에 밀쳐두었던 잠을 끌어당겨 누우려는데, 아뿔싸, 어느새 아침이다. '오늘도 잠은 점심 먹고 사무실 쇼파에서 자야겠구나!' 허밍하듯 중얼대다가 불면의 밤에 잉태한 꿈을 주섬주섬 챙겨 출근한다.

둥지에서 펼쳐지는 모든 프로그램과 '말 좀 잘하고 싶어! 소통 좀 잘하고 싶어' 책이 그렇게 탄생 되었던 것이다.

젊은 날 사랑에 빠져 밤을 지새웠던 기억과 친구들과 나이트클럽에서 노느라 날이 새는 줄 몰랐던 기억 정도만을 보유하고 있는 나의 상식으로는 잠을 자지 못하면 죽는 줄 알았다. 그런 나에게 원장님의 불면의 밤은 억지로 자려고 용쓰느라 스트레스 받는 대신 후회와 아픔을 숙성시켜 꿈을 잉태하는 생산적인 시간으로 만들 수 있다는 지혜를 가르쳐 주었다.

우리는 삶을 통해 배웠다.
부지런한 이들의 불면의 밤이 게으른 자들의 낮보다 더 뜨거웠다는 것을, 세상을 움직이게 했던 꿈이 깊은 고뇌의 밤 속에서 잉태되었다는 것을.
그것이 둥지이고, 둥지에서 펼쳐나가고 있는 프로그램들이라는 것을.
그 중심에 의미가 있고, 의미를 실현하는 삶이 신뢰로 이어진다는 것을.

금요일 밤이 되면 침묵하는 사람들

    금요일 저녁 벽시계 바늘이 6에 포개지면 4층 계단을 오르는 발자국 소리가 요란하다. 가쁜 숨을 몰아쉬며 하나둘 들어오더니 테이블을 사이에 두고 앉는다.
    사무실에 비치되어 있는 커피랑 두유, 빵, 과자 등 구미가 당기는 주전부리로 대충 허기를 달래고 7시가 되면 노트북을 옆에 끼고 강의실로 들어가 자리를 잡는다.
    김대성 원장이 글쓰기 능력을 체계적으로 키우는 방법에 대해 잠깐 짚어주고 나가자 침묵이 밀고 들어온다. 노트북 자판 두드리는 소리가 침묵 위에 도드라진다..
    유사한 패턴으로 흘러가는 말표현 글표현 반 수업에 익

숙해져갈 무렵,

'금요일 밤이 되면 침묵하는 사람들'이란 말을 나도 모르게 중얼대던 날이 있었다.

침묵은 아무 말이 없는 정적이 흐르는 상태다. 침묵이란 말을 들으면 과묵하고 조용한 이미지가 떠오른다.

하지만 속은 겉으로 보이는 이미지와 다르게 수많은 말들이 뛰쳐나오고 싶어 요동치고 있을지도 모른다는 생각이 들곤 했다.

표현하고 싶은 욕구가 인간의 본성에 숨어 있다는 사실을 알고 난 후부터.

금요일 밤 글을 쓰는 모습에서 침묵의 아우성을 떠올리게 된 이유가 여기에 있다.

글을 쓰고 있는 겉모습은 평온하고 안정감 있게 보이지만 내면에서는 지나간 날들이 떨군 찌꺼기로 인해 파문이 일다 가라앉고 또 일어나는 과정을 반복한다.

파문의 출처를 살피느라 잊은 시간 속으로 먼지처럼 날려 버린 소중한 일상들이 밀고 들어와 언어로 담긴다.

떠난 어제에서 떠날 오늘을 찾고 다가올 내일을 준비하는 기폭제가 된다.

젊은 날에는 침묵하는 사람들을 보면 답답하게 느껴지고 자신감도 없어 보였는데 살아온 날들 쪽으로 무게 추가 기울고부터는 침묵하는 사람이 눈에 더 띈다.

내면이 깊고 신중한 사람으로 비춰지면서 호감이 간다. 말 때문에 관계가 틀어지고 상처를 주고받는 일을 많이 겪은 탓일까?

참 많은 말을 하면서 살아왔다.

어쩌면 필요한 말보다 쓸데없는 말을 더 많이 하면서 살아왔는지도 모르겠다. 불필요한 말들이 화학조미료가 독소를 배출하여 속을 더부룩하게 만드는 것처럼 관계에 거품을 만들고 혼자 있을 때 빠져나간 거품의 자리가 공허를 느끼게 한다.

글을 쓰면서 지나온 날들을 차곡차곡 정리하다 보니 침묵의 비중을 늘려야겠다는 생각이 절실해진다.

필요한 말이라 해도 침묵이 더 깊은 울림을 줄 때가 있다는 것을 삶을 통해 배웠기 때문이다. 침묵하지 못하게 하는 것은 자신을 알아 달라는 욕구 때문이 아닐까. 자신이 살아 있다는 것을 확인하고 싶은 마음 때문이 아닐까. 분위기를 맞춰야 한다는 강박도 한몫했을 것이다. 그런데 그런 것들이 오히려 존재감을 더 위축시키고 가벼운 이미지를 심어준다는 것을 왜 이제야 알았을까.

　인생의 여정에서 겪은 희노애락의 파노라마가 응축시킨 침묵이 구구절절한 말보다 강력한 메세지가 된다는 것을 말이다. 먹구름에 덮여도 빛을 꺼트리지 않는 햇살처럼.

　표현 욕구가 강한 인간에게 침묵이란 고행일지도 모른다. 침묵하자고 늘 다짐을 하지만 몸과 마음이 따로 움직인다는 것을 알았다.
　그래서 자기가 바라는 삶을 이루기 위해서는 의도적으로 침묵을 수련해야 하고 의도적인 수련을 하기 위해서는 스스로 관리 할 수 있어야 한다.
　나는 글쓰기가 적격이라 생각한다.
　글을 쓰다 보면 자아 성찰이 되면서 자신의 감정 상태와 그에 따른 행동을 냉철하게 살피게 되고, 반복해 나가다 보면 애쓰지 않아도 의식을 담당하는 근육들이 알아서 말을 아낀 자리에 침묵을 배치시켜줄 거라 믿기 때문이다.

　글이 너무 쓰고 싶은 사람들이 '글이 사는 동네'를 이루고 일 년에 한 권씩 공저를 출간하기로 약속을 하고 실천해 나

가는 모습을 보면서,

'힘든다, 어렵다.'하면서도 포기하지 못하게 잡는 것은 무엇일까 궁금할 때가 있다. 누군가 말을 했다.

첫 공저를 출간하고 붙여진 작가라는 타이틀이 글쓰기를 멈추지 못하게 하는 것이 아닌가라고.

겉으로 비춰지는 모습은 그러했지만. 그 속으로 들어가 직접 경험해 보지 않고는 결코 이해할 수도. 설명할 수도 없는 그 무엇이 있다고 한다.

글을 쓰는 과정에서 깨닫게 되는 그 무엇,

그것은,

글쓰기 모드가 되면 모든 세포가 적극적인 자세로 돌변하여 다짐한 것을 실천으로 옮기려고 용을 쓰게 된다는 것, 글에 담은 내용을 행동으로 옮기려는 노력을 하게 된다는 것이다.

글은 곧 자신과의 약속이고, 책에 실리면 많은 사람과의 약속이 된다. 그렇다 보니 책임감이 더 생기고 책임을 다하려고 노력하게 된다는 것이다.

사소한 것에도 의미를 부여하게 되는 버릇이 생겼고, 그 느낌이 살아있음을 느끼게 한다고도 했다.

일상에서 발생하는 문제를 글에 담다 보면 자체를 이해하게 되는 것 같아 힘은 들어도 멈추지 못하겠다라고도 하고 관찰하는 버릇이 생겨 무심코 지나치던 일상에 관심을 갖게 되고, 나에게 없는 것을 부러워하기보다 지금 나에게 있는 것을 누리려고 한다고도 했다. 혼자 있는 시간이 즐겁고, 사색하는 재미에 중독되는 듯하다. 잡생각이 치고 들어올 틈이 없고 공허했던 마음이 채워져 간다고도 했다.

 자연스럽게 침묵하게 되는 것이다.

 금요일 밤이 되면 침묵하는 사람들은 깊이 익어가고 싶은 사람들이다.

 소중한 사람들의 가슴에 영원히 살아 숨 쉬고 싶은 사람들이다.

 그래서 글을 쓰는 일을 멈출 수가 없는 사람들이다.

 그 사람들의 또 한 권의 공저
 "글이 사는 동네Ⅱ"
 출간을 응원하며.

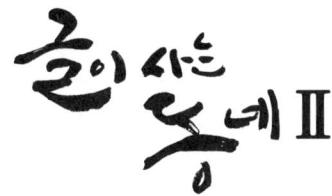

인쇄일 | 2025년 7월 29일
발행일 | 2025년 8월 5일

지은이 | 강영숙 최수미 박성철 박은영 이세형 백현순
　　　　　최수련 고동주 류용주 이종한 손민경
편집인 | 김대성
발행인 | 박성철
펴낸곳 | 도 솔
주　소 | 경북 경주시 용담로 104번길 10, 우주빌라상가 4층

값 17,000원
ISBN 979-11-979796-2-0

• 이 책에 실린 내용과 사진의 저작권은 지은이와 도서출판 도솔에 있습니다.
  양측의 동의없이는 무단 전재 및 복제를 금합니다.